Peter Neysters
Gut, dass es Oma und Opa gibt

W0040435

„Familie ist lebenswert"

Herausgegeben von Hubertus Brantzen

Noch vor wenigen Jahren galt sie als Auslaufmodell, jetzt ist Familie wieder „in". Dabei zeigt sie sich heute vielfältig: Neben traditionellem Eltern-Kind-Modell stehen alternative Formen, zu denen Alleinerziehende, aber auch Patchwork- und zunehmend wieder Mehr-Generationen-Familien gehören.

Heute sieht sich Familie – bedingt durch den gesellschaftlichen Wandel – vor neue Herausforderungen gestellt. Die Reihe „Familie ist lebenswert" behandelt alle die Themen, die für die jeweilige Lebenssituation wichtig sind.

Professor Dr. Hubertus Brantzen hat als Theologe und Pädagoge verschiedene Werke zu Fragen der Pädagogik und Spiritualität veröffentlicht. Er ist verheiratet, hat vier erwachsene Kinder und vier Enkel und lebt in Mainz.

Weitere Titel der Reihe „Familie ist lebenswert":

Hubertus Brantzen: So gelingt Erziehung.
ISBN 978-3-7666-1226-7

Jürgen Holtkamp: Kinder, Computer & Co.
ISBN 978-3-7666-1481-0

Angela M.T. Reinders: Unser Kind soll etwas werden.
ISBN 978-3-7666-1480-3

Michael Behrent: Kinder haben Vorfahrt.
ISBN 978-3-7666-1477-3

Frauke Schwaiblmair: Mit dem Baby durch das erste Jahr.
ISBN 978-3-7666-1476-6

Die Reihe wird fortgesetzt.

Peter Neysters

Gut, dass es
Oma und Opa gibt

Butzon & Bercker

Bibliografische Information der Deutschen Nationalbibliothek
Die Deutsche Nationalbibliothek verzeichnet diese Publikation in der
Deutschen Nationalbibliografie; detaillierte bibliografische Daten
sind im Internet über http://dnb.d-nb.de abrufbar.

Das Gesamtprogramm
von Butzon & Bercker
finden Sie im Internet
unter www.bube.de

ISBN 978-3-7666-1474-2

Umschlagfoto: Michael Kempf - Fotolia.com
Umschlaggestaltung: Christoph M. Kemkes, Geldern
Satz: Reemers Publishing Services GmbH, Krefeld
Printed in The European Union

Inhalt

Inhalt

Vorwort

*Groß*eltern machen ihrem Namen alle Ehre. Sie kommen *groß* heraus, wenn die Enkel noch klein sind und sich jemand um sie kümmern muss. Dann leisten sie *Groß*artiges! Ohne sie geht heute in vielen Familien so gut wie nichts mehr. Nicht nur in Notfällen, wenn Kinder erkranken, oder bei Engpässen, wenn die Mutter ausfällt – sozusagen als „schnelle Eingreiftruppe".
Auf die Großeltern ist Verlass, auch und gerade im normalen Alltag. Wenn es bei der jungen Familie um die Vereinbarkeit von Familie und Beruf geht, spielen sie eine wichtige, womöglich sogar entscheidende Rolle. Noch immer nimmt die Arbeitswelt wenig Rücksicht auf die Welt der Familie. Da wird – auch von Eltern – flexibler Einsatz erwartet. Wenn dann Oma und Opa nicht wären ...
Was heißt hier schon Oma und Opa? Früher gab es „alte Omas" und „alte Opas", in Ehren frühzeitig ergraut. Heute sind die Großeltern jung und vital, mobil und unternehmungslustig, tolerant und aufgeschlossen für Neues. Auch wenn ihre Generation nicht mehr so sehr auf die Kinder und Kindeskinder fixiert ist – es gibt noch ein Leben nach der Familienzeit –, so kümmern sie sich doch liebevoll und engagiert um die Enkel. Und selbst die Großväter tun das, was sie als Väter niemals tun wollten oder tun mussten: Sie wechseln die Windeln, geben das Fläschchen und schieben sogar in aller Öffentlichkeit den Kinderwagen ... Da bekommen sie als Opa eine zweite Chance!
Großeltern können viel geben, aber sie bekommen auch viel zurück – an Zuneigung, an Wertschätzung, an Vertrauen. Das Leben mit den Enkeln belebt das eigene Leben.
Gut, dass es Oma und Opa gibt – gut für die Kinder und Enkelkinder, gut aber auch für die Großeltern selbst ...

Peter Neysters

1.

Von wegen „alte Oma" – „alter Opa"

- Eine neue Generation: die jung(geblieben)en „Großeltern"
- Die Alten sind nicht mehr die Alten
- Beim Namen fängt es schon an
- Ein unglaublicher Zeitwohlstand
- Man lernt nie aus
- Altersweisheiten

Eine neue Generation: die jung(geblieben)en „Großeltern"

Es gab einmal eine Zeit, da strickte die Großmutter an einem Strumpf, hatte eine große Brille auf und erzählte Märchen. Und die Enkelkinder saßen zu ihren Füßen und lauschten andächtig ihren Worten. So die sozialromantische „Generationenidylle", wie sie die heutigen Großeltern noch aus den Schulbüchern in Erinnerung haben ...

Es gab einmal eine Zeit, da riefen schon kleine Kinder (nicht nur) älteren Leuten den Spottnamen „alte Oma" oder „alter Opa" hinterher und machten sich über sie lustig. Alt hieß für sie klapprig und „von gestern" ...

Und heute, in unserer Zeit, erzählen Kinder über ihre Großeltern: „Meine Oma spielt Tennis – mein Opa joggt jeden Morgen – meine Oma surft im Internet – und mein Opa klettert auf die Pflaumenbäume, viel höher als ich ..."

Zwischen diesen Zeiten liegen gerade mal einige Jahrzehnte oder kaum mehr als zwei Generationen. Heute erleben die Enkel ganz „neue" Omas und Opas: modern frisiert, chic gekleidet, aufgeschlossen für neue Ideen, toleranter und hilfsbereiter gegenüber der nachwachsenden Generation. Großeltern sind jung und vital, unternehmungslustig und mobil. Was heißt hier schon Oma und Opa ...?

Als die Oma 79 Jahre alt wurde, meinten ihre Kinder und Enkelkinder: „Oma, du bist nun zu alt, um noch allein in der großen Wohnung zu leben." Sie besorgten ihr einen Platz im benachbarten Seniorenheim. Nun stand ihr 80. Geburtstag kurz bevor. Ihre ganze Familie hatte sich zur Geburtstagsfete angesagt. Da mailte die Oma ihren Lieben:" Fühle mich für eine solche Feier zu alt. Bin für drei Tage nach Rom zum Papst geflogen, fühle mich dazu noch jung genug."

Die Alten sind nicht mehr die Alten

Früher starben die Alten früh; heute werden sie ihrem Namen gerecht: Sie werden „richtig" alt. Sie leben nicht nur immer länger, sondern auch immer besser. Noch nie standen die Chancen für eine ganze Generation so gut, geistig gesund und körperlich topfit ein wirklich hohes Alter zu erreichen. Die Zeit, in der die Menschen schwerkrank und gebrechlich werden, hat sich immer weiter in die späten Jahre verschoben. Denn die Lebenserwartung der Menschen hierzulande hat sich innerhalb eines Jahrhunderts fast verdoppelt. Und mit ihr hat sich – im Wortsinn – auch die Erwartung an das Leben erhöht, mitunter gar „überhöht".

Alle wollen alt werden, aber älter? Man wird 60 oder 70, fühlt sich höchstens gerade mal wie 50 oder noch jünger. Und man freut sich über jedes Lob, das einem bescheinigt, noch vergleichsweise jung zu sein, geradezu jugendlich auszusehen. Zwischen kalendarischem und gefühltem Alter liegen oft Welten. Je älter der Mensch, desto größer die Differenz! Und umso größer die Versuchung, dem Alter ein Schnippchen zu schlagen.

Die 60er sind die am stärksten wachsende gesellschaftliche Gruppe. In naher Zukunft wird jeder Dritte bei uns über 60 sein und dabei noch fast ein Drittel seines Lebens vor sich haben: die 60-jährigen Frauen noch etwa 25 Jahre, die 60-jährigen Männer noch gute 20 Jahre. Statistisch gesehen kommen jedes Jahr noch drei Monate dazu ...

Es ist schon paradox: Mit zunehmendem Alter glaubt man sich immer jünger zu fühlen (oder fühlen zu müssen). Alt werden und jung bleiben – wer wünschte sich das nicht?! Solange ein solch „gutes Gefühl" oder ein solch „sehnlichster Wunsch" den tatsächlichen Alterungsprozess nicht verdrängen wollen, können sie sogar Lust und Neugier wecken auf den neuen, noch weithin unbekannten Lebensabschnitt. Dann können die neugewonnenen Lebensjahre wirklich zum persönlichen Gewinn werden. Dann wird die stetig steigende Lebenserwartung im wahrsten Sinne des Wortes noch einiges vom Leben erwarten lassen. Dann ist „Alt werden ein Geschenk des Himmels", so Henning Scherf in einem Interview.

In diesem Sinne können wir uns durchaus „jung (er-)halten" und einiges dafür tun, ohne jedoch krampfhaft „jung bleiben" zu müssen ...

Beim Namen fängt es schon an ...

„Worte", so meinte einst die amerikanische Schriftstellerin Virginia Woolf, „leben nicht so sehr im Wörterbuch, sondern vielmehr im Geist." Aber der „Zeitgeist" meint es nicht gut mit dem Alter, bevorzugt eher die Jugend. Mit der Überschätzung der Jugendlichkeit ist oft genug eine abschätzige Bewertung des älteren Menschen verbunden. Sprache kann verräterisch sein: die Eigenschaft des Wortes *alt* ist weithin negativ besetzt. Der alte Geizhals, die alte Hexe, der alte Halunke, das alte Quatschweib, der alte Faulpelz, die alte Jungfer – alles eindeutig nicht gerade die angenehmsten Typen ...

Was uns dagegen hoffen lässt, ist ein Gang ins Antiquariat, ins Museum, in den Weinkeller oder ins Konzert. Je älter die Bücher, die Bilder, der Wein, desto kostbarer (und teurer) sind sie. Je älter die Geige, desto besser ihr Klang. Das Alter hat, wie alles im Leben, zwei Seiten.

Wir altern nach dem Bild, das wir uns von uns selbst machen oder von anderen machen lassen. 60 Jahre oder 65 – wer bin ich dann? Die Klage über den Verlust an Jugendlichkeit verkennt den Gewinn an Altersweisheit. „Was ein Alter im Sitzen sieht, kann ein Junger nicht einmal im Stehen erblicken", behauptet eine alte Lebensweisheit aus Afrika. 60 Jahre oder 65

– wer bin ich dann nach „getaner Arbeit" in Familie und Beruf? Der Ruhestand ist *die* Zäsur in der Lebensbiografie eines Menschen, einer der schwierigsten Lebensübergänge. Wohl zu Recht ist die Rede von einer Lebenswende: Das Leben wendet sich, verändert sich, wird völlig anders als vorher. Wendepunkte stellen die Weichen im Leben neu und verleihen dem Lebenslauf eine neue Richtung.

Beim Namen fangen die Schwierigkeiten schon an: Silver Surfer, Best Ager, Golden Oldie, Generation Silver Sex, Jungsenioren, Generation 60 plus? Das Wort alt wird hier tunlichst vermieden. Wer will auch schon zum „alten Eisen" gehören? Neuerdings spricht man von den „Jungen Alten" ... (die einige Jahrzehnte zuvor noch als „Uralte" gegolten hätten).

Aber wohin? Die gesellschaftlichen Vorstellungen, Leitbilder und Normen zur Gestaltung des „dritten Lebensdrittel" sind noch sehr diffus und wenig gefestigt. Es fehlen die Vorbilder vorhergehender Altersgenerationen. Das Alter ist vom Alter her jungen Datums. Wir werden alt, aber *wie* wird man alt ...?!

Ein unglaublicher Zeitwohlstand

Es ist wie im „Niemandsland": Das Alte ist nicht mehr, das Neue ist noch nicht da. Wir wissen nicht so recht, wo es lang geht, was uns erwartet, wohin das alles führt. Jeder Übergang bedeutet Abschied von bisher Vertrautem und Liebgewonnenem, aber zugleich auch Aufbruch in eine (noch ungewisse) Zukunft mit neuen Lebensperspektiven und Lebensmöglichkeiten. „Wenn sich eine Tür schließt, dann öffnet sich stets eine andere. Deshalb sollten wir den Verlusten hinter der geschlossenen Tür nicht so sehr nachtrauern, dass wir die Chancen verpassen, die uns hinter der soeben geöffneten Tür erwarten", ermuntert wohl zurecht der französische Schriftsteller André Gide.

Und hinter dieser Tür liegt heute ein unglaublicher Zeitwohlstand nie gekannten Ausmaßes! In der Zeit der Erwerbs – und Familientätigkeit herrschte oft Zeitnot. Das Leben wurde bestimmt von der *Hinwendung nach außen*, wie erwachsen werden, einen Beruf erlernen, einen Lebenspartner finden, eine Familie gründen und Kinder erziehen, ein Haus bauen und die Existenz sichern. Was blieb da im Zeit- und Kräftebudget noch übrig für sich und die Familie ...?

Der Ruhestand jedoch versetzt uns in die „Regellosigkeit" des Alltags und in die „Zeitlosigkeit" des Lebens. Nun verfügen wir selbst über unsere Zeit, können, ja müssen wir unser Alltagsleben ganz neu strukturieren und vor allem eigenhändig gestalten. Weithin unabhängig von sozialen Zwängen und reinen „Äußerlichkeiten" können wir uns – mit einer *Wende nach innen* – nun mit den wichtigeren Dingen des Lebens beschäftigen. Und mit zunehmendem Alter mehr und mehr mit den „letzten Dingen".

Am glücklichsten sind die Menschen jenseits der 60, behaupten amerikanische Forscher. In Deutschland glaubt angeblich die Mehrheit, dass ihr Lebenshöhepunkt um die 60 Jahre liegt. Von wegen „die paar Jahre noch".

Das alles bedeutet keineswegs Flucht aus dieser Welt oder Abkehr von den Notwendigkeiten des alltäglichen Lebens. Wohl aber eine Umkehr zu mehr Lebenssinn und Lebensqualität, wie sie Reisen, Musik, Kunst, Spiel, Stille oder ehrenamtliche Tätigkeit erschließen helfen. In diesem Sinne bringt Alter eine neue Lebenszufriedenheit ... und der Ruhestand verspricht dann wirklich innere Ruhe und Gelassenheit, mitunter auch Mäßigung und Genügsamkeit.

Man lernt nie aus

Der alte Lebenszyklus hat sich längst überholt: in Kindheit und Jugendzeit zu lernen, als Erwachsener zu arbeiten und im Alter sich im wohlverdienten Ruhestand auszuruhen. Lernen und Bildung, Wissensdurst und Lebensneugier durchziehen das gesamte Leben und prägen zusehends auch das Alter. „Man lernt nie aus", zumal in Zeiten der Schnelllebigkeit und des rasanten Wandels.

„Alter wird zunehmend ein biografisches Projekt, das der individuellen Gestaltung und Sinngebung bedarf", so die Prognose des Deutschen Zentrums für Altersfragen (DZA). Eine ungeheure Herausforderung, aber auch eine Riesenchance für die ältere Generation. Das Ziel dürfte klar sein: ein aktives, erfülltes Leben, das die nächsten 20 bis 25 Jahre spannend und interessant bleiben lässt. Wir haben noch Leben vor uns und nicht (nur) hinter uns. Fürs Taubenfüttern sind wir einfach noch zu jung ...

Lernen im Alter bedeutet keineswegs weiterarbeiten im alten Stil oder in neue Hektik und Betriebsamkeit verfallen. Der Rede vom „Unruhestand" liegen oft genug Versäumnisängste zugrunde. Jetzt, im Alter, scheint wohl „letzte Gelegenheit" zu sein, mit aller Macht Versäumtes nachzuholen oder lange Zeit Aufgeschobenes schleunigst in die Tat umzusetzen. Diese Lebenshast führt dazu, dass nichts mehr gründlich getan und nichts mehr richtig genossen werden kann.

„Während der Flug der Vögel uns tagsüber ziellos vorkommt, scheinen sie gegen Abend immer ein Ziel wiederzufinden. Sie fliegen auf etwas zu. So vielleicht auch wir am Lebensabend ...", so die Vermutung des französischen Philosophen Albert Camus.

Neue Lebensziele erschließen auch neue Lebensmöglichkeiten. Die „jungen" Großeltern sind nicht mehr so sehr auf Kinder und Kindeskinder fixiert. Schließlich haben sie ihre eigenen Pläne, gehen auf Reisen, holen ein Studium nach, frönen ihren Hobbys, überwintern in südlichen Gefilden. Das alles hat nichts mit einem „Selbstverwirklichungstrip der Alten" zu tun. Wohl aber mit einer Autonomie im Alter, die gelegentlich schon einmal kollidiert mit den familiären Erwartungen einer allzeit abrufbaren Unterstützung und Hilfestellung.

Großeltern „springen" nicht sofort und zu jeder Zeit, aber sie springen ein, wenn es die Situation erfordert. Sie stehen sozusagen „in Rufweite" (i.R.) und bilden so ein Sicherheitsnetz. Ihr „Enkel-Engagement" ist weniger eine Frage der Zeit, vielmehr die einer intensiven Zuwendung. Und darin sind die vermeintlich so „egoistischen Alten" unschlagbar. Heute mehr denn je, da erstmals in der Geschichte der Menschheit die meisten Großeltern erleben, wie ihre Enkelkinder aufwachsen, ja erwachsen werden.

Altersweisheiten

- Auch mit sechzig kann man noch vierzig sein – aber nur noch eine halbe Stunde am Tag *(Anthony Quinn).*
- Keine Grenze verlockt mehr zum Schmuggeln als die Altersgrenze *(Robert Musil).*
- Im Alter bereut man die Sünden, die man in seiner Jugend nicht begangen hat *(William Somerset Maugham).*
- Alt werden ist natürlich kein reines Vergnügen. Aber denken wir nur an die Alternative *(Robert Lembke).*
- Wer im Alter noch herzhaft lacht, macht sich bei seinen Erben unbeliebt *(Aristoteles Onassis).*
- Ich bin nun in ein Alter gekommen, in dem ich mein Hörgerät nötig habe, um zu fragen, wo meine Brille ist *(Tina Turner).*
- Der einzige Mensch, der sich vernünftig benimmt, ist mein Schneider: er nimmt jedes Mal neu Maß, wenn er mich trifft,

während alle anderen immer die alten Maßstäbe anlegen: in der Meinung, sie passten heute noch auf mich *(George Bernard Shaw)*.

- Das größte Übel der heutigen Jugend besteht darin, dass man nicht mehr dazugehört *(Salvador Dali)*.
- Kinder und Kindeskinder sind nicht nur ein Trost für das Alter, sondern auch ein Mittel, es schnell zu erreichen *(Roberto Benigni)*.

2.

„Multilokal" – die moderne Mehrgenerationenfamilie

- Freilassende Nähe in sympathischer Distanz

- Als Großeltern selten vorkamen

- Familie ist „mehr" geworden

- So fern und doch so nah

- Wie Großeltern so sein können

Freilassende Nähe in sympathischer Distanz

„Lieber Gott, es ist sehr gut, dass wir Kinder Omas und Opas haben. Sag mal, hast du lange dafür gebraucht, bis dir das eingefallen ist?", so schreibt die achtjährige Tina an den lieben Gott voller Dankbarkeit.

Wenn man so will, hat der liebe Gott für diese Idee schon seine Zeit gebraucht. Denn etliche Jahrzehnte zuvor hätten nur wenige Kinder einen solchen Dankesbrief schreiben können. Sie kannten ihre Großeltern kaum, erlebten sie höchst selten, zumal wenn sie die Jüngeren in der großen Geschwisterreihe waren.

Als Großeltern selten vorkamen

Und doch hat sich lange Zeit, noch bis weit in unsere Tage, das Idealbild der Großfamilie in den Köpfen von Generationen festgesetzt. Wer kennt nicht vergilbte Fotos aus alten Familienalben, wo die Familie sich an Geburtstagen oder an Weihnachten feierlich in der großelterlichen Stube versammelte. Das aber waren „Ausnahmesituationen".

Nur in ganz wenigen Familien lebten damals drei Generationen unter einem Dach. Hof und Betrieb ernährten allenfalls eine Familie. Nach ihrer Übergabe an die nachfolgende Generation zogen sich die Alten in das Ausgedinge (Alteenteil) zurück oder sie starben. Hohe Kindersterblichkeit, spätes Heiratsalter und geringe Lebenserwartung verhinderten das Zusammenleben mehrerer

Die durchschnittliche Lebenserwartung um den Beginn des letzten Jahrhunderts lag bei der Frau bei knapp 47, beim Mann sogar nur bei 45 Jahren. Etwa 5% der Menschen waren über 60 Jahre alt.

Generationen in einem Haushalt. Es gab damals viele Kinder und wenige Alte. Großeltern kamen zu der Zeit selten vor. „Auch die gute alte Zeit war einmal eine schlechte neue Zeit", meinte einst etwas ironisch der Schauspieler Martin Held. Auch „damals" lief nicht alles problem- und konfliktlos ab zwischen den Generationen. Es gab vielfältige Spannungen und Streitigkeiten. Zu unterschiedlich war die Interessenlage nicht erst bei der (frühzeitigen) Hof- bzw. Betriebsübergabe. Mitunter wurde mit harten Bandagen gekämpft. „Familienbande" – dieses Wort ist mehr als doppeldeutig. Es hat „einen Beigeschmack von Wahrheit" (Karl Kraus).

Familie ist „mehr" geworden ...

Bloß nicht so werden wie die eigene Mutter. Bloß nicht politisch so denken wie der eigene Vater. Bloß nicht zu lange bei den eigenen Eltern wohnen. Bloß nicht zu viel ... Familie. So hieß es in den Zeiten, als die heutigen Großeltern ihre Sturm- und Drangzeit erlebten und viele aus der „Enge" ihrer Familien ausbrachen. Davon kann nun, gut vierzig Jahre später, kaum mehr die Rede sein. Jung und Alt kommen gut miteinander klar – von wegen „Krieg der Generationen"! Von wegen „Familie als Auslaufmodell"!

Familie ist „*mehr*" geworden, zwar nicht an Zahl, wohl aber an *Generationen*. Die „*Mehr*generationen-Familie" mit drei Generationen ist bereits die Regel, mit vier Generationen nicht mehr die Ausnahme. Zwar wohnen Kinder, Eltern, Großeltern (und Urgroßeltern) nur selten unter einem Dach, aber meist doch in erreichbarer Nähe. Und selbst die, die weit entfernt wohnen, bleiben sich nahe. Die Generationen wohnen „*multilokal*" in verschiedenen Haushalten an verschiedenen Orten. Aber sie leben nicht voneinander geschieden. Familie endet nicht an Haushaltsgrenzen ...

Familie ist „*mehr*" geworden, vor allem was die *Zeit* betrifft.

Wie nie zuvor können die Generationen eine lange Lebenszeit über Jahrzehnte miteinander verbringen. Und wie nie zuvor haben die Alten so viel Zeit übrig für die Jungen. Frei von den Zwängen der Erwerbs- und Familienarbeit sind sie zeitlich ungebunden und können so einiges mit den Enkeln unternehmen. Heutzutage ist es völlig normal, dass Großeltern mit den Enkeln verreisen.

Die meisten Großeltern haben für das Alter vorgesorgt und können sich etwas „leisten". Ihre materiellen Transferleistungen an die nachwachsende Generation können sich sehen lassen: Von größeren Geldgeschenken über monatliches Taschengeld bis hin zu Sparverträ-

> *Nur noch etwa acht Prozent aller Dreigenerationen-Familien leben unter einem Dach, davon die Hälfte in getrennten Wohnungen. Etwa ein Drittel wohnt im selben Ort. Bei einem Fünftel beträgt die Distanz mehr als eine Stunde Fahrzeit. Der (noch relativ geringe) Anteil in aller Welt „versprengter" Familien wird im Zuge der Mobilisierung und Globalisierung stark zunehmen.*

gen reicht die monetäre Hilfe. An den Enkeln wird nicht geknausert, da hat man Zeit und auch das notwendige Kleingeld ...

Familie ist „*mehr*" geworden, vor allem was die *Qualität der Beziehungen* betrifft. Sie sind von großer Intensität und emotionaler Dichte, von starker Verbundenheit und wechselseitiger Anteilnahme. In den Familien gibt es Austauschbeziehungen vielfältigster Art zwischen den Generationen. Noch nie hatten sich gerade Großeltern und Enkelkinder so viel zu sagen und so viel zu geben. So entstehen – selbst über noch so weite Entfernungen – enge persönliche Beziehungen, die sich in der Regel als stabil und verlässlich, meist auch als unkündbar erweisen. Großeltern gewinnen zunehmend an Bedeutung!

2. „Multilokal" – die moderne Mehrgenerationenfamilie

Die Generationen werden mehr, aber sie sind weniger zahlenmäßig stark besetzt. Wegen des Geburtenrückgangs haben Kinder kaum mehr Geschwister. Fachleute sprechen von der „Bohnenstangen-Familie" ohne (verwandtschaftliche) Zweige und Äste.

So sind viele Ältere froh, wenn sie überhaupt ein Enkelkind haben. Sie können sich ihm voll und ganz widmen. Enkel genießen diese Aufmerksamkeit. Sie dürfen bei Oma und Opa mehr als bei den Eltern, aber sie dürfen nicht alles dürfen. „Großmütterchen tut alles gern für Hänschen, ihren kleinen Herrn," spöttelte warnend einst Wilhelm Busch.

So fern und doch so nah

Persönliche Beziehungen unterliegen einer eigenartigen Ambivalenz. Da ist zum einen das Bedürfnis nach Nähe, Zuwendung und Solidarität, zum anderen das Streben nach Autonomie, Unabhängigkeit und Selbständigkeit (bei gleichzeitiger Abwehr sozialer Kontrolle). Jede Generation braucht ihr Eigenleben und ihre Eigenständigkeit, ohne darüber „eigen" oder gar „eigenartig" zu werden. Notwendige Abgrenzungen – bis hierher und nicht weiter – sind vorzunehmen, zu respektieren und vor allem auch einzuhalten.

Nur so können Jung und Alt auf Dauer zusammen leben, ohne sich mit der Zeit auseinanderzuleben. Nähe braucht Distanz, was keineswegs Distanzierung bedeutet. Im Gegenteil: Distanz kann zu einer neuen, oft unverhofften Nähe führen. Im notwendigen Abstand lösen sich manche Probleme von selbst auf. „Verwandte darf man nicht in Pantoffeln besuchen können," lautet eine alte irische Volksweisheit. Da schwingt viel an freilassender Nähe in sympathischer Distanz mit ...

2. „Multilokal" – die moderne Mehrgenerationenfamilie

„Multilokales" Familienleben schafft mit dem (notwendigen) lokalen Abstand ein Gleichgewicht zwischen Gemeinsamkeit und Eigenständigkeit, zwischen Familiensinn und „Eigen"sinn, zwischen Be-ziehung und Ent-ziehung. Es ist ein Wechselspiel von Binden und Lösen. Hat Rainer Maria Rilke nicht recht, wenn er schreibt, dass wir lernen müssen, „einander (zu) lassen; denn dass wir uns halten, das fällt uns leicht".

Entscheidend ist wohl, dass Jung und Alt die Familie als *generationenübergreifende Solidargemeinschaft* verstehen. Und dies auch praktisch im Alltag (er-)leben, indem sie einander helfen und füreinander einstehen. Sie bilden so ein soziales Netzwerk, das hält und die Familie – selbst über räumliche Distanzen – zusammenhält. Die Nähe ist zwar fern, aber die Ferne wird dann nah ...

Wie Großeltern so sein können

Die „Ersatzeltern"

Sie sind voll und ganz für ihre Enkel da und ersetzen die Eltern, die berufstätig oder alleinerziehend sind. Sie sehen sich stark in die Verantwortung genommen und fühlen sich ihren Enkeln gegenüber verpflichtet.

Die „Feiertagsgroßeltern"

Sie lassen sich nur zu bestimmten Anlässen sehen, wenn es was zu feiern gibt. An Weihnachten und Geburtstagen überschütten sie die Enkel mit Geschenken (des schlechten Gewissens wegen?). Ansonsten wissen sie nicht viel mit ihnen anzufangen.

2. „Multilokal" – die moderne Mehrgenerationenfamilie

Die „schnelle Eingreiftruppe"

Wenn es „brennt", sind sie da und springen ein. Manchmal warten sie sogar brennend auf ihren Einsatz. Sie wollen sich nicht aufdrängen, aber tun alles für ihre Kinder und Kindeskinder.

Die „Freizeitgroßeltern"

Sie verbringen ihre freie Zeit gerne mit den Enkeln. Sie unternehmen viel und haben Spaß miteinander. Sie holen nach, was sie bei den eigenen Kindern versäumt haben.

Die „Lass-uns-in-Ruhe"-Großeltern

Sie wollen endlich frei und unabhängig sein und das Leben genießen. Und sich nicht einschränken lassen durch neue Verpflichtungen. Als „Oma" und „Opa" fühlen sie sich noch viel zu jung.

Die „Experten-Großeltern"

Sie sind da, wenn ihre Kenntnisse und Fähigkeiten gefragt sind. In der Küche, im Haushalt, im Garten, bei notwendigen Reparaturen. Ihre Enkel führen sie in die Geheimnisse von Natur und Welt ein.

3.

„Wir kommen weit her und müssen weit gehen"

- Wenn Geschichten Geschichte machen

- Als Menschen sich noch selbst unterhalten konnten

Wenn Geschichten Geschichte machen

„Es war einmal ...", so beginnen fast alle Märchen aus früheren Zeiten. Märchenhaft klingt vieles in den Ohren der Enkelkinder, wenn Oma oder Opa von früher erzählen. Da gab es tatsächlich einmal eine Zeit ohne Handys, ohne Laptops, ohne Videos, ohne CDs, ohne Playstations, ohne E-Mails, ohne MP3-Players, ohne Chatroom, ohne You Tube und was sonst noch alles an audio-visuellen Medien im Leben der Kinder und Jugendlichen wie selbstverständlich seinen Platz gefunden hat und immer mehr Raum einnimmt.

Und es gab tatsächlich die Zeit, wo es nur ein oder zwei Programme im Fernsehen gab, und die auch erst nur in schwarz-weiß. Wo das Radio sich auf einige wenige Sendefrequenzen beschränkte. Wo man die Ferngespräche über eine Telefonvermittlung anmelden musste. Wo der Briefträger noch Telegramme ins Haus brachte. Wo man noch Briefe eigenhändig mit dem Füllfederhalter schrieb. Wo es noch die so schön klappernden Schreibmaschinen gab. Wo im Kino noch im Vorprogramm die „Foxtönende Wochenschau" lief ... Das alles gab es einmal, und diese Zeit liegt gar nicht so weit zurück.

Als Menschen sich noch selbst unterhalten konnten ...

„Als ich klein war, woraus bestand da meine Welt? Der Lehrer in der Schule, der Pastor von der Kirche, und meine Eltern. Und jetzt? Macht es pling, und die Kinder sind mit der Welt verbunden. Chatten ist nur schreiben. Aber ich schaue Sie an, ich entwickle ein Gefühl für Ihre Persönlichkeit – *das* ist Kommunikation! Man muss sich sehen, wenn man miteinander redet. Sonst bleibt alles kalt", so der holländische Fußballtrainer von Bayern München, Louis van Gaal, jüngstes von acht Kindern, in einem Gespräch. Er bevorzugt die unmittelbare An- und Aussprache, Aug' in Aug'.

Mit seiner Meinung spricht er vermutlich vielen aus der älteren Generation direkt aus der Seele. Man muss nicht unbedingt so weit gehen wie er. Schließlich darf man über alle möglichen Gefährdungen den Nutzen und die Vorteile moderner Kommunikationsmittel nicht übersehen. Der verklärte Rückblick auf vergangene Zeiten sollte nicht den Ausblick auf zukünftige Zeiten verdüstern ...

Aber das wird die Jungen doch staunen lassen: Es gab tatsächlich eine Zeit, wo die Menschen weniger unterhalten wurden, sondern sich selbst unterhielten. Wo sie sich noch Geschichten erzählten und sie eindrucksvoll auszuschmücken verstanden. Wo sie bekannte Märchen vorlasen oder selbst welche erfanden. Wo sie aber auch „Tratsch und Klatsch" aus Verwandtschaft und Nachbarschaft zum besten gaben. Wo – alles in allem – Geschichte, zumal die Familiengeschichte, in spannenden und amüsanten Geschichten lebendig wurde.

Und die besten Geschichten- und Märchenerzähler waren eben Oma und Opa – damals wie größtenteils auch heute noch. Wenn sie erzählen, erschließen sie ihren Enkeln ganze Welten. Sie erfahren, woher sie kommen und wohin sie gehen. „Der Mensch ist immer Geschichtenerzähler und sieht alles, was geschieht, durch seine Geschichten," stellt der französische Philosoph Jean-Paul Sartre wohl zu Recht fest.

Wir kommen weit her

Jedes Mal, wenn ein alter Mensch stirbt, ist es, als brenne eine ganze Bibliothek ab. Volksweisheit aus Afrika

Zur persönlichen Geschichte eines jeden Menschen und einer jeden Familie gehören das *Früher* und das *Heute* mit dem Ausblick auf das *Morgen*. Vergangenheit, Gegenwart und Zukunft machen das Ganze eines Lebens aus, sie fügen die einzelnen Kapitel zu einem Lebensband zusammen. Das bindet und verbindet! Gerade in Zeiten der Beliebigkeit und des kurzfristigen Denkens, wo vieles im Unverbindlichen stecken bleibt, sind langfristige Bindungen und eingehaltene Verbindlichkeiten gefragter denn je. Die Jungen brauchen die Gewissheit, fest eingebundene Glieder einer Generationenkette zu sein. Das schafft Beheimatung und Zugehörigkeit. „Ich habe den Eindruck, das Leben ist wie ein gutes Buch. Je weiter man darin eindringt, desto mehr gibt es seinen Sinn zu erkennen", schreibt der israelische Rabbi Harold Kushner.

Wenn Kinder heranwachsen, wollen sie irgendwann von irgendwem erfahren, wo sie herkommen. Man wird dann nicht bei Adam und Eva anfangen müssen, aber man kann mit Oma Mathilde und Opa Erwin beginnen, mit deren Eltern, Uropa Heinrich und Uroma Henriette fortfahren und enden bei ...

Wenn man dann noch alte Fotos aus der Schublade kramen kann, werden die Kinder staunen und vielleicht sogar laut oder doch lieber leise lachen: Was für Kleider! Was für Frisuren! Was für Schuhe! Was für ein Schnurrbart! Was für Hüte, was für Mützen! Wie komisch sahen die Menschen damals nur aus. „Wenn ich an Oma denke, fallen mir immer ihre lustigen Familiengeschichten ein", so eine Zwölfjährige. Durch solche episodenhaften Erzählungen wird Familiengeschichte von (älteren) Menschen in (jüngeren) Menschen lebendig! Für Kinder ist es hilfreich zu wissen, woher sie stammen, wo ihre Wurzeln liegen, wie weit ver-

Man spricht vom Generationensprung, wenn genetische Merkmale der Großeltern offensichtlich erst wieder bei den Kindeskindern auftauchen: die roten Haare der Oma oder die schwarzen Augen des Opas. Als großelterliches Vermächtnis gelten bisweilen auch temperamentvolle Ausbrüche oder eigenbrötlerisches Verhalten, aber auch technische oder künstlerische Fähigkeiten und Fertigkeiten. Irgendwoher müssen die Kinder das ja haben ...

zweigt ihre Familie ist. Manche Kinder werden später zu kleinen Historikern und erstellen einen Stammbaum ihrer Familie. Man muss in seiner Herkunft verwurzelt sein, um in die Zukunft hineinwachsen zu können ...

Wenn Oma und Opa von früher erzählen

Gefragte Gesprächspartner bei der Spurensuche sind die Großeltern. Oma und Opa „verkörpern" im wahrsten Sinne des Wortes Familiengeschichte und Familientradition. Sie haben vieles mitzuteilen, weil sie in ihrem langen Leben so viel erlebt haben. Und sie erzählen gerne! Von sich, von ihrem Leben, von Schule und Lehre, von oft körperlich schwerer Arbeit in Beruf und Haushalt, von ihren Festen und Feiern, Traditionen und Bräuchen. Besonders interessant, wie Opa die Oma kennen gelernt hat, wie das mit der Hochzeit war und mit der Familie. Und wie sie zusammengehalten haben über all die Jahre (oder auch nicht).
„Ich finde es irre aktuell, wenn Oma und Opa von früher erzählen. Das ist unheimlich spannend und aufschlussreich für mich, auch wenn ich in einer ganz anderen Zeit lebe. Ich fühle mich dann irgendwie dazugehörig ...," so ein Vierzehnjähriger. Wie viele Kinder und Jugendliche haben auf diese lebendige Weise Auskünfte über das Leben – damals wie heute – erhalten. Was die Vorfahren erlebt haben, prägt auch die Nachfahren. Das gehört zu ihrer Biografie. „Ohne die Vorfahren wäre man im Ozean der Zeit wie ein Schiffbrüchiger auf einer winzigen und unbewohnten Insel, ganz allein. Mutterseelenallein. Großmutterseelenallein. Urgroßmutterseelenallein" (Erich Kästner). Wer erzählt, auf den kann man zählen. Und von dem lässt man sich auch schon mal etwas sagen ...

Von schwarzen Schafen

Kinder lieben es, in alten Fotoalben zu stöbern. Who is who? ein beliebtes Suchspiel. Bereitwillig geben Oma und Opa Auskunft. Doch bei dem ein oder anderen Foto stockt ihr Redeschwall. Da wird schnell umgeblättert. Das ist Onkel Willi oder Tante Klara, heißt es dann wortkarg. Kleine Kinder fragen nicht weiter nach. Wenn sie älter werden, beginnt die Spurensuche. Ein Gang wie „auf dünnem Eis" mit der Gefahr, irgendwann und irgendwo ins kalte Wasser einzubrechen.

Jede Familie hat im näheren oder weiteren Umfeld Angehörige, die ihr nicht weiter angehören sollen. Die sie ausgeschlossen haben und deren Existenz sie am liebsten verschweigen würden. Über sie spricht man nur hinter vorgehaltener Hand. Bloß nichts an die große Glocke hängen, bloß keinen Türspalt des „Familiengeheimnisses" lüften. „Jeder Mensch ist wie ein Mond: Er hat eine dunkle Seite, die er niemanden zeigt." Diese Behauptung Mark Twains kann man getrost auch auf die Familie übertragen. Ein schwarzes Schaf verirrt sich wohl in jeden Familienverband ...

Lebenswahrheiten statt Lebenslügen

Aber warum verschweigen, dass Onkel Willi ein alter Nazi war und bis zu seinem Tod rechtsradikale Thesen vertrat? Warum verheimlichen, dass Tante Klara ihren Mann mit drei kleinen Kindern sitzen ließ und mit einem Hallodri durchbrannte? Warum das Deckmäntelchen legen über die kleinen und großen Tragödien einer Familie?! Nur wo Licht ist, fällt Schatten. Wie es Lichtgestalten in jeder Familie gibt, über die man vorzugsweise zu sprechen beliebt, gibt es auch weniger „große Leuchten" bis hin zu „finsteren Gesellen". Sie alle gehören, zumindest ihrer Herkunft nach, zur Familie.

Zugegeben: Wer redet schon gern über die „Bruchstellen" in der Familiengeschichte, über die schwarzen Schafe im Umfeld der Familie. Der „gute Ruf" soll nicht in Verruf geraten. Scham und Schuldgefühle regen sich. Doch so blütenweiß sind die anderen Schafe meist auch nicht. Gelegentlich wird da jemand voreilig zum Sündenbock gemacht. Und eine Lücke ins Familiengedächtnis gerissen ...

3. „Wir kommen weit her und müssen weit gehen"

Wie man Geschichten erzählt
Man bat den Rabbi um eine Geschichte. „Eine Geschichte", sagte er, „soll man so erzählen, dass sie selber Hilfe sei." Und er erzählte. „Mein Großvater war lahm. Einmal bat man ihn, eine Geschichte von seinem Lehrer zu erzählen. Da erzählte er, wie der heilige Baalschem beim Beten zu hüpfen und zu tanzen pflegte. Mein Großvater stand auf und erzählte, und die Erzählung riss ihn so hin, dass er hüpfend und tanzend zeigen musste, wie der Meister es gemacht hatte. Von der Stunde an war er geheilt. So soll man Geschichten erzählen."
Warnung: Zur Nachahmung nur bedingt empfohlen!

Zur Familiengeschichte gehören gute und weniger gute Geschichten. Es gibt Erfolg und Erfüllung ebenso wie Versäumnisse und Verfehlungen. Großeltern leben mit diesen Geschichten, wissen um sie. Sie müssen bei der Wahrheit bleiben, so schwer es ihnen in einzelnen Fällen auch fällt. Lebenswahrheit statt Lebenslüge!

Vielleicht gelingt dann zu *guter* Letzt eine Aussöhnung mit den traurigen Lebenskapiteln der Familiengeschichte, vielleicht sogar eine Versöhnung mit den „traurigen Gestalten". So ganz viel Zeit bleibt den Großeltern nicht mehr. „Vergebung heißt nicht das Ja zu einer vergangenen Schuld, wohl aber das Ja zu einem Menschen mit seiner vergangenen Schuld," bemerkt der Theologe Otto Hermann Pesch.

4.

Mit Opa im Netz

- Auf einer Wellenlänge: Großeltern und Enkelkinder
- Die Tücken der modernen Welt
- Auf gleicher Wellenlänge

Auf einer Wellenlänge: Großeltern und Enkelkinder

Wenn der moderne Großvater mit seinen Enkelkindern sprechen will, schaltet er seinen Laptop ein, loggt sich bei Skype ein, richtet die Kamera auf sich und ruft kostenlos über das Internet an. Und an irgendwelchen Orten der nahen oder fernen Welt sitzt der hoffnungsvolle Nachwuchs ebenfalls vor dem Computerbildschirm mit Kameraaufsatz. In Sekundenschnelle sind Alt und Jung auf gleicher Wellenlänge. Die Telefonkonferenz kann beginnen – einmal, zweimal oder mehrmals die Woche.

Eine tolle Sache, dieser Blickkontakt der Generationen weit über Hunderte von Kilometern hinweg! Etwas merkwürdig schon für den Großvater, der die ganze Sache so richtig nicht zu durchschauen vermag. Kaum bemerkenswert für den Enkel, der das alles für das Selbstverständlichste auf der Welt hält. Der eine lernt die virtuelle Welt erst „im späten Alter" allmählich kennen und tut sich erst entsprechend schwer damit; der andere wächst damit von Kindesbeinen an auf und findet sich „kinderleicht" darin zurecht.

Nun aber surfen Jung und Alt auf gleicher Welle. Das ist, wie man heute so sagt, eine typische „Win-win-Situation". Beide Seiten profitieren davon, gewinnen ihre Vorteile daraus. Die Ferne wird ganz nah, und die Generationen kommen sich (wieder) näher ... oft ganz unerwartet.

Immer mehr ältere Menschen tummeln sich im Internet. Waren es im Jahr 2002 bei den über 55-Jährigen gerade mal 16 Prozent, so waren es laut Statistischem Bundesamt 2006 bereits 38 Prozent. Die Zahl dürfte sich in den letzten Jahren nochmals gesteigert haben, so dass heute wohl über die Hälfte dieser Altersgruppe online ist.

Die Tücken der modernen Welt

Ganz gleich, ob man ratlos vor der Digitalanzeige eines Fahrscheinautomaten steht, die neuesten Daten in sein Handy programmieren will, den Umgang mit dem „Navi" in seinem Auto erlernen möchte oder völlig ahnungslos die zahlreichen Viruswarnungen in seinem Computer verfolgt – für ältere Menschen scheint die Welt irgendwie Kopf zu stehen. Und im eigenen Kopf scheint die Welt sich zu drehen. Alles ist neu, alles verändert sich permanent und oft blitzschnell. Manche reagieren schier kopflos darauf ...

Im alltäglichen Umgang mit der (Elektro-)Technik stoßen die Älteren ständig „umständehalber" auf die Tücken der modernen Welt. Für viele kommt der Fortschritt erst einmal bedrohlich daher. Wer kennt sich schon aus in der „Fremdsprache" der virtuellen Welt: Facebook, Web-Design, Playstation, Blogger, Twitter, iPad, iPhone, iTune usw. Das alles ist fremd und wirkt (zunächst) befremdlich.

Doch es hilft alles nichts: Man muss sich dem Neuen stellen, man muss sich dem Neuen öffnen. Wer nicht mit der Zeit geht, dem läuft die Zeit davon. Die ältere Generation hat noch gut 20 bis 30 Jahre Lebenszeit ... da lohnen sich sämtliche Investitionen, auch und gerade in die virtuelle Welt.

Lernen bringt Erfolgserlebnisse, unabhängig vom Alter. Die Lust am Lernen und die „Neu"-gier machen den Lernerfolg aus. Und die Bereitschaft, sich im Alter nicht ausschließlich auf die eigene Erfahrung zu berufen, sondern auch auf die Kenntnisse der jungen Generation zurückgreifen zu wollen.

Wenn die Alten auf die Jungen hören ...

Die meisten Großeltern haben die Zeichen der Zeit erkannt: Sie wollen mit dem Fortschritt Schritt halten. Schrittmacher sind vielfach ihre Enkelkinder. Sie lernen mit und von ihnen! Weil die weitaus mehr Geduld und Ausdauer haben als die eigenen stressgeplagten Kinder. Denen geht die Begriffsstutzigkeit und Unbeholfenheit der Alten oft derart „auf die Nerven", dass mancher Ratschlag in mehr (Nacken-)Schlag als Rat endet.

Die Jüngeren haben mehr Abstand zu den Älteren. Sie finden es cool, dass sich Opa oder Oma ins Internet wagen und ausgerechnet sie um Rat fragen. Wenn sie ihre Hilferufe hören, sind sie zur Stelle. Und zeigen zum wiederholten Mal den richtigen „Link" auf der Tastatur. Innerhalb kürzester Zeit haben sich hier die Rollen und Positionen vertauscht: Die Alten hören auf die Jungen. Wann hat es das jemals gegeben?

Noch zu Zeiten ihrer Kindheit haben die Großeltern wiederholt so gute Ratschläge gehört wie diese: „Komm du erst mal in mein Alter!" „Hab du erst mal meine Erfahrung!" Die Verhältnisse waren klar geregelt: Die Alten lehrten; die Jungen lernten. In einer relativ immobilen Gesellschaft mit überschaubaren Lebensräumen zählte die Lebenserfahrung. Die Alten kannten sich aus im Jahreszyklus des Lebens und im Kreislauf der Natur. Sie galten als unbestrittene Autoritäten, als Sachkundige des Lebens und auch des Sterbens. Sie wussten Bescheid und gaben

Mit Hilfe der jungen Generation wächst eine Generation der Senior-Blogger heran, die sich in Internet-Communities zusammenfinden. Die Kontaktfreudigkeit im Alter sucht sich neue Wege, läuft über moderne Kanäle. Die virtuelle Welt wird zunehmend auch ein Teil der Seniorenwirklichkeit.

Bescheid. Ihr Wort zählte und wurde gehört. Den Alten wurde Lebenswissen zugeschrieben und Altersweisheit zuerkannt.

In der mobilen Welt von heute gelten andere Maßstäbe. Fachwissen und detaillierte Informationen sind mittlerweile zum wichtigsten Gut geworden. Sie werden heutzutage rund um die Uhr elektronisch transportiert – und das mit Lichtgeschwindigkeit. Schneller geht es kaum. Und schnelllebiger auch nicht! Was gestern noch galt, ist heute längst überholt. Da sehen viele ältere Menschen mit ihren Lebenserfahrungen relativ alt aus, lange bevor sie es wirklich sind.

Nie zuvor sind die Kenntnisse und Erfahrungen einer ganzen Generation so schnell überholt, ja entwertet worden wie zu unserer Zeit. Den jungen Leuten sagen sie kaum mehr etwas. „Wenn junge Menschen auf all das hören wollten, was alte Leute reden, so würde die Entwicklung stocken und die Erdkugel still stehen", so die Kinderbuchautorin Astrid Lindgren. Sie muss es ja wissen ...

Sich mit dem Leben beschäftigen

Dennoch finden sich Alt und Jung gelegentlich auf gleicher Wellenlänge wieder. Allein wenn sie sich mit dem Leben beschäftigen – die einen mehr im Rückblick, die anderen mehr im Ausblick – haben sie viel miteinander auszutauschen. Dann können sie voneinander lernen – nicht ohne Gewinn für beide Seiten.

Dieser verblüffende Effekt zeigt sich insbesondere in kritischen Lebensphasen. Wenn in der Pubertät die Eltern schwierig werden, werden die Großeltern bevorzugte Gesprächspartner. „Mit meinen Eltern kann ich höchstens über alltägliche Dinge reden, mit meinen Großeltern aber über meine Probleme und Sorgen. Sie haben Zeit, hören mir zu und drängen mir nicht ihre Auffassungen auf."

Für die Teenies werden die Oldies zu aktiven Bündnispartnern, bisweilen zu „Komplicen". Sie helfen mit, das Leben in schwierigen Zeiten zu bewältigen. Die besten Lehr- und Sachbücher können die praktische Lebenskunde der Großeltern nicht ersetzen. Nicht alles ist einfach übertragbar, aber vieles kann Wegweisung sein und die Richtung anzeigen.

„High Tech" ist gut, aber ...

Man lernt nie aus. Bücher sind wichtig, wichtiger noch sind „Lebensbücher". Wer sich in der Welt der Enkel zurechtfinden will, muss ihre Biografie – zumindest ansatzweise – kennen und verstehen lernen. Das verlangt einiges an Kraft und Anstrengung, an Offenheit und Toleranz. Nicht alle Großeltern sind dazu willens und bereit. Es gibt in so manchen Familien noch die „alten" Omas und Opas, die verständnislos der Welt ihrer Enkelkinder gegenüber stehen.

Wenn dagegen die „neuen" Großeltern – und ihre Zahl wächst rapide von Jahr zu Jahr – ins Netz gehen, vernetzen sie sich mit ihren Enkelkindern. Eine moderne Form familiärer Verbundenheit, die niemand mehr missen möchte!

Jedoch: Wer online die Verbindung sucht, wird „im Hinterkopf" speichern müssen, dass menschliche Bindungen immer noch offline gelebt werden. „High Tech" ist gut, aber „High Touch" darf nicht auf der (virtuellen) Strecke bleiben ...

Als der Meister gefragt wurde: Gelehrsamkeit oder Weisheit?, erwiderte er: Gelehrsamkeit erwirbt man durch Bücherlesen oder indem man Vorlesungen besucht. Und Weisheit? Indem du das Buch liest, das du selbst bist. Er fügte noch hinzu: Das ist durchaus keine leichte Aufgabe, denn stündlich kommt eine Neuauflage des Buches heraus!

Auf gleicher Wellenlänge

- Welle ist eine periodisch an- und abschwellende Zustandsänderung.
- Wellenlänge heißt die Strecke, um die eine Welle sich fortpflanzt.
- Es wird auf verschiedenen Wellenlängen gesendet: Langwelle, Mittelwelle, Kurzwelle.
- Am kürzesten sind Ultrakurzwellen und Mikrowellen.
- Bei Meereswellen gibt es Wellentäler und Wellenberge.
- Wellenbrecher schützen vor stürmischer See.

- Beim Wellenreiten geht es darum, im Kampf mit den Wellen aufrecht stehen zu bleiben.
- Die Dauerwelle hält nur bei gutem Wetter ausdauernd.
- Am Reck turnt man die Riesenwelle als Umschwung um die eigene Querachse.
- So mancher Vorfall schlägt hohe Wellen.
- Eine Welle der Begeisterung schlägt über sie hinweg.
- Bei Grillparzer geht es „um des Meeres und der Liebe Wellen".
- Und an Jung und Alt brechen sich die Wellen.

5.

Sechs Omas und fünf Opas

- Das Großeltern-Puzzle in Patchwork-Familien
- Die Mär von der bösen Stiefmutter
- Ein „bunter Flickenteppich"
- Mehr Familie geht nicht
- Zwischen allen Stühlen
- Kein weiterer Umgang erlaubt
- Mehr Patchwork geht nicht

Das Großeltern-Puzzle in Patchwork-Familien

Weihnachten, *das* Familienfest, für viele Familien ein logistisches Unternehmen. Schon allein, was die Vorbereitung der Feier und die Zubereitung der verschiedenen Festessen betrifft. Bei den Patchwork-Familien geht es noch um vieles mehr: um die generalstabsmäßige Planung, wer wann wo mit wem wie lange zu feiern hat. Eine heikle Angelegenheit! Es sind ja nicht nur (leibliche) Väter, Mütter und Kinder, die da Weihnachten feiern wollen. Familienfeiern sind heute viel komplexer und komplizierter geworden ... Aus alten und neuen Beziehungen kommen hier verschiedene Mütter, Väter, Geschwisterkinder, Omas und Opas zusammen. Und müssen miteinander klar kommen und miteinander auskommen. Patchwork-Familien sind ein weites Geflecht an Bluts- und Wahlverwandten, an alten und neuen Familienmitgliedern, teils freiwillig gesucht, teils unfreiwillig aufgezwungen. Sie alle wollen – gerade an Weihnachten – nicht benachteiligt werden, Großeltern eingeschlossen. Wo also mit wem feiern am Weihnachtsabend, am ersten und am zweiten Weihnachtstag? Eine logistische Meisterleistung, wenn alle nach den Festtagen einigermaßen zufrieden sind ...

Die Mär von der bösen Stiefmutter

Großeltern kennen noch die alten Märchen. Und sie erinnern sich, dass in Märchen der ewige Kampf des Guten gegen das Böse ausgefochten wird. Prototyp des Bösen ist die Stiefmutter, die in „Schneewittchen" die Stieftochter vergiften will, in „Aschenputtel" die eigenen, meist hässlichen Töchter bevorzugt, in „Brüderchen und Schwesterchen" als böse Hexe im Wald die Brunnen vergiftet oder in „Hänsel und Gretel" die

In Deutschland werden jedes Jahr um die 200.000 Ehen geschieden. Betroffen sind davon rund 175.000 Kinder jährlich. Mehr als die Hälfte aller geschiedenen Mütter und Väter haben nach einem Jahr wieder einen neuen Partner. Schätzungen zufolge leben drei von zehn Kindern (zumindest zeitweise) in einer Patchwork-Familie.

Stiefkinder im Wald aussetzt. Lange Zeit hat dieses Bild der „bösen Stiefmutter" das Image der sog. Stieffamilien negativ geprägt ...

Die Märchen beweisen es: Patchwork-Familien sind keine so neue Lebensform! Seit Jahrhunderten sind sie gang und gäbe – Krankheiten, Seuchen und Kriege ließen viele Menschen schon in jungen Jahren sterben. Um als Familie überleben zu können, mussten die hinterbliebenen Partner möglichst schnell wieder heiraten. Noch in den Kindertagen der heutigen Großeltern lebten viele Kinder infolge des zweiten Weltkrieges in Stieffamilien. Heute gründen meist geschiedene oder getrennt lebende Frauen und Männer eine Zweitfamilie. Das allerdings ist eine relativ neue Entwicklung ...

Ein „bunter Flickenteppich"

Patchwork scheint mittlerweile eine „normale" Familienform zu sein. Aber bis sie „Normalität" für alle betroffenen Familienmitglieder, Großeltern eingeschlossen, erreicht, ist es ein langer, oft mühsamer und beschwerlicher Weg. Hier müssen Menschen zueinanderfinden, von denen wenigstens ein Teil in ihren Partnerschaften und Ehen schon einmal, manche auch mehrmals, gescheitert sind. Und diese schmerzliche Erfahrung als belastende Hypothek in das neue Beziehungsgeflecht mitbringen. „Niemals sind wir so verletzlich, als wenn wir lieben", meint wohl zu Recht Sigmund Freud, Begründer der Psychoanalyse, und verweist auf oft tiefsitzende Kränkungen und Verwundungen nach Trennung und Scheidung.

Aus den „Erschütterungen" einer oder mehrerer vorhergehender Familien muss sich die neue Familie aufbauen und entwickeln.

Das geht nicht ohne schmerzliche „Geburtswehen", nicht ohne Eifersüchteleien und so manche Schattenkämpfe. Die eine Seite hat eine gewachsene Beziehung zu den Kindern und Enkelkindern, die andere muss sie ganz neu und behutsam aufbauen. Und auch die Geschwister und Halbgeschwister müssen sich erst einmal aneinander gewöhnen. Es dauert oft Jahre, bis sich die neue Familie endgültig gefestigt hat und Vertrauen und Sicherheit sich stabilisieren. Wo das gelingt, haben alle in der Patchwork-Familie Großes geleistet, was aller Ehren wert ist und dankbare Anerkennung verdient.

> *Patchwork (wörtlich „Flickwerk") ist eine Technik der Textilgestaltung, bei der kleinere oder größere Stücke aus Gewebe, Filz, Leder oder Pelz zusammengesetzt werden. In diesem Sinne ist Patchwork-Familie ein bunter „Flickenteppich" mit Kindern von verschiedenen Müttern und Vätern.*

Sie ist eben keine herkömmliche Familie, sondern eine „kleine Welt für sich" mit ihren Erweiterungen und neuen Konstellationen. So viele Eltern, so viele verschiedene Großeltern! Die moderne Familie kennt viele Spielarten. „Die Dinge sind nie so, wie sie sind. Sie sind immer das, was man aus ihnen macht", behauptet der französische Schriftsteller Jean Anouilh.

Mehr Familie geht nicht

Zwei Menschen verlieben sich wieder, zwei Menschen gründen eine (neue) Familie mit *deinen* und *meinen* Kindern und später mit *unseren* Kindern. Wie das alles „funktionieren" soll, dafür gibt es bisher so gut wie keine gesellschaftlichen Vorbilder und Modelle. Alles ist relativ *neu* (und damit „ungesichert")! Das neue Zusammenleben erfordert viele neue Übereinkünfte mit vielen neuen Bezugspersonen – von neuen Elternteilen über die neuen Halbgeschwister bis hin zu den neu gewonnenen Großeltern. Mehr Familie geht nicht! Kinder haben heute weniger Geschwister, dafür aber mehr Eltern und noch mehr Großeltern. Auf ein oder zwei Kinder kommen nicht selten sechs Omas und fünf Opas – wenn nicht sogar mehr.

So gibt es Lust und Frust in den Patchwork-Familien. „Jede Person mehr macht das Leben schwerer; jede Person mehr macht das Leben allerdings auch farbiger", heißt es in einem Forschungsbericht des Deutschen Jugendinstitutes. Bei vielen Leuten gibt es eben auch viele Probleme; bei vielen Leuten ist aber auch ständig was los. Wenn die Familie – bei allen Konflikten und Spannungen – zusammenbleibt, gewinnt sie einen starken Zusammenhalt. Die vielfältigen Beziehungen sind dann so gründlich „geerdet", dass sie so schnell durch nichts mehr zu erschüttern sind.

Aber nicht alle halten den Kampf durch ... so manche Patchwork-Familien zerbrechen wieder. Bei jeder großen Veränderung im Leben gibt es im „Endergebnis" positive wie negative Entwicklungen: Die einen profitieren davon und freuen sich, andere wiederum leiden darunter und verbittern zusehends.

Zwischen allen Stühlen

Großeltern bekommen all diese Entwicklungen (als sog. Außenstehende) nur „am Rande" mit, und doch trifft es sie mitten ins Herz. Wenn die Ehe ihrer Kinder und Schwiegerkinder zerbricht, wenn die Enkelkinder den Vater oder die Mutter verlieren, wenn neue Partner ins Haus ziehen ... und wenn sie plötzlich und unerwartet „Stief"-Großeltern werden. Das alles geht ans Eingemachte, das steckt niemand so ohne Weiteres weg ... Großeltern können da in große Loyalitätskonflikte geraten. Die eigenen Enkelkinder haben sie aufwachsen sehen und sind ihnen emotional eng verbunden. Die „neuen" Enkelkinder sind zunächst wie „fremder Besuch", während sie für diese – zumindest vorerst – nicht die „richtigen" Großeltern sind. Bei dieser Gemengelage kann es, ob bewusst oder unbewusst, schon zu gewissen Bevorzugungen bzw. Benachteiligungen kommen.

Wenn Großeltern nur „Vize"-Großeltern sind, dann stehen sie in Konkurrenz zu den ursprünglichen Großeltern. Im Wettbewerb um Zuneigung und Zuwendung, um die Liebe und manchmal um den Kampf darum haben sie (vorerst) die schlechteren Karten. Kinder (wie auch Erwachsene) wollen viel lieber alles beim Alten belassen. Sie hängen noch sehr an der alten Familie. Fast alle Kinder wünschen sich, dass Mama und Papa wieder zusammenkommen, falls es familiär nicht allzu schlimm zugegangen ist.

So werden die neuen Familienmitglieder oft als Eindringlinge gesehen. Das verhindert zunächst ein unbeschwertes Kennen- und Liebenlernen. Großeltern wollen dann alles besonders gut und richtig machen und sind enttäuscht, wenn die erhoffte Reaktion ausbleibt. Selbst eine „überhäufende" Liebe wird kaum liebevolle Resonanzen finden. Kinder reagieren eher gleichgültig bis aggressiv darauf.

Und die leiblichen Enkelkinder werden wohl eifersüchtig darüber wachen, ihre bisherige Vorrangstellung nicht zu verlieren. Positionsgerangel und „Hahnenkämpfe" sind die Folge. Es braucht seine Zeit und viel Einfühlungsvermögen, bis die Großeltern das richtige Maß an Zuwendung für alte wie neue Enkelkinder gefunden haben. Richtig heißt nicht gleich, wohl aber gerecht – ein schwieriger Balanceakt!

Kein weiterer Umgang erlaubt

Auch das gibt es, heute mehr denn je: Da haben die Großeltern ihr Enkelkind zuletzt vor vier Jahren vor dem Familienrichter gesehen. Der Sohn hatte die Scheidung eingereicht, um wieder heiraten zu können. Das Sorgerecht für die damals zweijährige Tochter war der Ex-Schwiegertochter zugesprochen worden. Sie hatte daraufhin jeglichen Umgang mit der Tochter unterbunden. Als traurige Erinnerung bleibt die letzte Umarmung auf den Fluren des Amtsgerichtes. Jeder Vorstoß für ein Treffen blieb bisher erfolglos.

Für Großeltern ist so etwas wie ein „worst case", der schlimmste aller erdenklichen Fälle. Nie mehr die Enkelin sehen dürfen?! Aber die Hoffnung auf ein Wiedersehen bleibt ... vielleicht kommt doch noch ein Anruf, und sei es in späteren Jahren. Wenn sich die Enkelkinder in der Pubertät auf die Spuren ihrer Herkunft machen und die leiblichen Eltern ihrer Eltern aufspüren wollen.

Mehr Patchwork geht nicht

Seit 2002 gibt es eine „Bundesinitiative Großeltern" (BIGE), die (monatliche) Treffen in Selbsthilfegruppen an verschiedenen Orten anbieten. Weitere Auskünfte: www.grosseltern-initiative.de. Mail: info@grosseltern-initiative.de

„Was, du hast nur zwei Omas und einen Opa? Du Arme!

Ich habe sechs Omas und fünf Opas. Von meiner Mutter Oma Anna und Opa Paul; von Andreas, der bei uns wohnt, Oma Maria und Opa Felix. Von meinem richtigen Vater Oma Christine und Oma Heidrun, also zwei Omas, weil Opa Thomas wieder geheiratet hat; und von der neuen Freundin meines Vaters Oma Gudrun und einen

Opa Peter. Und dann wohnt in unserem Haus noch ein älteres Ehepaar, dazu sage ich auch Oma und Opa, weil die immer auf mich aufpassen, wenn ich allein zu Hause bin. Ganz schön viele Omas und Opas! Manchmal vertue ich mich, wer gehört noch mal zu wem …"

Kein Wunder: Kinderarmen Großeltern stehen heute großelternreiche Enkel gegenüber! Wann hat es das jemals gegeben …?

6.

Wenn der Verlust an Macht zur Stärke wird

- Die Rolle der Großeltern in der Erziehung

- „Die Welt liegt zwischen den Menschen"

- Vom Wertewandel in der Erziehung

- Und „dazwischen" die Großeltern

- ... und wie haltet ihr es mit der Religion?

- Was Erziehung so alles bewirkt

Die Rolle der Großeltern in der Erziehung

Als die Großeltern selbst noch Kinder waren, da herrschte noch ein völlig anderer Ton in der Erziehung. Da gab es die „Respektpersonen" in Familie, Kindergarten, Schule: mehr gefürchtet als geachtet, bisweilen weniger geliebt, gelegentlich eher verhasst. Sie übten Herrschaft aus, verlangten strikte Unterordnung und blinden Gehorsam, duldeten keinen Widerspruch. Sie beriefen sich auf ihr „Amt" – und kraft ihres Amtes handelten sie so und nicht anders. „Solange du deine Füße unter meinen Tisch stellst ...", hieß es in vielen Familien. Wer dagegen verstieß, wurde verstoßen.

Als die Großeltern dann Eltern wurden, erlebten sie ganz unmittelbar die *radikalen*, buchstäblich an die Wurzel gehenden Umbrüche in der Erziehung. Weg vom Befehlsstil, hin zum Verhandlungsstil! Mehr hinweisen statt zurechtweisen, mehr anbieten statt verbieten, mehr verhandeln statt behandeln. Das Autoritäre schlug im Extremfall ins Anti-Autoritäre um. Viele Eltern waren damals völlig verunsichert, rat- und hilflos. Sie wollten ihre Kinder anders erziehen, als sie selbst erzogen worden waren. Aber sie hatten noch die prägenden Einflüsse ihrer Kindheit „in den Knochen". Der Übergang zu einem eher partnerschaftlichen Erziehungsstil verlief nicht ohne Brüche, war oftmals harte „Knochenarbeit".

Als Großeltern haben sie es heute mit ihren Kindern *und* Kindeskindern zu tun. Sie erleben nun, wie ihre Kinder die Enkel erziehen. Wie sie sich immer wieder die Frage stellen, was gut für das Kind ist: die „lockeren Zügel" oder die „strengere Hand"? Was dient, was schadet seiner „freien" Entwicklung? Wie steht es um die Rechte des Kindes, wie um seine Pflichten? Wie eng, wie weit sind die Grenzen der Freiräume abzustecken? Zu allen Fragen und Problemen gibt es die unterschiedlichsten Ansichten und Empfehlungen der Experten. Kein Wunder, dass es noch nie so viele Ratgeber für alle Lebenslagen gegeben hat. Und dass auf den Bestsellerlisten immer wieder markige Erziehungsfibeln auftauchen – für ratlose, vielfach überforderte Eltern.

Bei allen Erleichterungen durch die neugewonnenen Freiheiten: Erziehung ist nicht leichter geworden. Es ist und bleibt ein „schwieriges Geschäft" ...

„Es ist einfacher, eine Nation zu regieren, als vier Kinder zu erziehen", seufzte zu seiner Zeit bereits der englische Premierminister Winston Churchill.

„Die Welt liegt zwischen den Menschen"

Entwicklungen und Wandel hat es zu allen Zeiten gegeben. Früher erstreckten sie sich allerdings über Jahrzehnte und Generationen hinweg, für den einzelnen kaum spürbar und wahrnehmbar. Heute vollziehen sich die gesellschaftlichen Veränderungen und Umbrüche innerhalb eines Menschenlebens, im Rahmen einer Lebensbiografie. Die Großeltern sind die „Umbruchgeneration", die all die Brüche hautnah und unter die Haut gehend miterlebt (hat). Nichts ist mehr so wie früher ...

„Die Welt liegt zwischen den Menschen, und dieses Zwischen ist heute Gegenstand großer Sorge", schrieb Hannah Arendt (1906–1975), amerikanische Schriftstellerin und Politologin deutscher Herkunft. Sie schrieb über ihre Sorge zu der Zeit, als die heutigen Großeltern noch junge Leute waren in einer Welt voller gewalttätiger Auseinandersetzungen und Unruhen – in der großen wie in der kleinen Welt.

Ihre besorgte Mahnung ist jedoch zeitlos, gilt bis in unsere Tage und darüber hinaus. Auch heute geht es nach wie vor um *das Zwischen-Menschliche*, um das, was sich zwischen den Menschen abspielt – insbesondere zwischen den Generationen in den Familien. Hier gibt es so manche (zwischen-)menschliche Konflikte zwischen Kindern und Eltern, zwischen Heranwachsenden und Erwachsenen, zwischen Jung und Alt. Selbst Menschen, die sich nahestehen, stimmen nicht in allem überein, sind in vielen Dingen geteilter Meinung, sind Stimmungen und Verstimmungen unterworfen. Das alles ist ganz normal und muss nicht Anlass zu übertriebener Sorge sein.

Stehen jedoch Werte zur Disposition, kann das zu heftigen Auseinandersetzungen führen. Der Preis der Freiheit ist die Pluralisierung der Werte. Sie lässt sich nicht rückgängig machen. Was dem einen heilig ist, gilt dem anderen eher als ärgerlich. Der andere wiederum hält für tabu, was sein Gegenüber offen diskutieren will. Wenn Werte und Werthaltungen in den Familien angefragt oder sogar angezweifelt werden, stehen Lebensentwürfe und grundsätzliche Lebensfragen auf dem Spiel. Dann brechen unkontrollierte Gefühle und große Leidenschaften aus. Wertekonflikte gehen ans Eingemachte, treffen den Lebensnerv, lassen niemanden kalt – selbst die „Coolen" unter den jungen Leuten nicht.

„Die Welt liegt zwischen den Menschen" – mitunter sind es sogar Welten.

Vom Wertewandel in der Erziehung

Erziehung hat es immer mit Werten zu tun. Was macht das Leben lebens-*wert*? Was macht die Menschen liebens-*wert*? Selbst Werte unterliegen dem Wandel, auch in der Wertehierarchie gibt es Positionsveränderungen. Standen bei früheren Generationen sog. Pflicht- und Ordnungswerte, wie etwa Pünktlichkeit, Ordentlichkeit, Sauberkeit, Anständigkeit, relativ unbestritten „ganz oben" in der Werteskala, so haben sie heute einen anderen Stellen-*wert* gegenüber den individuellen und kreativen Werten, wie Autonomie und Eigenständigkeit, Ideenreichtum und schöpferische Kräfte. Beim Wertewandel gibt es immer Zugewinne und Verluste. Mit den neugewonnenen persönlichen Freiheitsräumen scheinen bisherige Solidaritätsstrukturen zumindest gefährdet zu sein.

Beide Wertepole, der individuelle wie der soziale, entwickeln gleichsam ihre magnetischen Wirkkräfte. Sie ziehen sich an, beziehen sich wechselseitig aufeinander. Nur wer *selbst-bewusst* ist, kann auch *selbst-los* sein. Nur wer ein Selbst hat, kann sein Selbst loslassen im Blick auf den anderen. Die Großeltern haben es in ihrer Kindheit meist anders gehört: Da wurde das Ich kleingeschrieben und oft genug auch klein gehalten, das Du dagegen groß herausgestellt und dick unterstrichen.

Jede persönliche Entwicklung findet ihr Echo in der Beziehung zum anderen. Dem jüdischen Philosophen Martin Buber zufolge sollten die Menschen deshalb in ihrem Tun „bei sich beginnen, aber nicht bei sich enden; von sich ausgehen, aber nicht auf sich abzielen; sich erfassen, aber sich nicht nur mit sich befassen".

Und „dazwischen" die Großeltern ...

Der Verlust an Macht ist die Stärke der Großeltern. Sie haben nichts mehr zu sagen und gerade deshalb viel zu sagen. Die formale Autorität haben sie verloren, an persönlicher Autorität aber gewonnen. Wer loslassen kann, lässt manches hinter sich, lässt fünfe schon mal gerade sein. Er hat Kopf und Hände frei.

Als „Außenstehende" können Großeltern gelassen und unaufgeregt zwischen den Generationen stehen und ihnen, falls gewünscht, auch beistehen. Sie haben den notwendigen Abstand zum Alltagsgeschäft. Die Elterngeneration dagegen steht „mittendrin" und ist von der Geschäftigkeit und Betriebsamkeit unserer „beschleunigten" Zeit voll erfasst. Zudem erlebt sie gewaltige Anforderungen und massiven Druck „von allen Seiten" – vom Arbeitsplatz bis hin zum Fitnessstudio. Im Kräfte- und Zeitbudget bleibt immer weniger übrig für das Ehe- und Familienleben.

Großeltern können da ausgleichen, vermitteln, ergänzen, aber nie voll ersetzen. Sie können sich, falls nötig, einmischen, dürfen aber nicht überall mitmischen. *Sie sind Mit-Erzieher, nicht die Haupterzieher!* Die Verantwortung liegt eindeutig bei den Eltern. Verwischen die Grenzen, kommt es unweigerlich zu Spannungen und Streitigkeiten. Eltern reagieren gereizt, wenn Großeltern ihnen durch übermäßige Großzügigkeit und übertriebene Verwöhnung (heute kaum mehr durch rigide Strenge) in den Rücken fallen und die Enkelkinder das geschickt auszunutzen wissen. „Oma hat das aber erlaubt" – „Bei Opa dürfen wir das". Hier braucht es klare Absprachen und eindeutige Regeln.

Großeltern üben so etwas wie „Schirmherrschaft" aus: Sie beschirmen und schirmen ab, herrschen und beherrschen dürfen sie allerdings nicht! Das stärkt ihre Position „dazwischen" – zwischen den Eltern und den Kindern!

... und wie haltet ihr es mit der Religion?

So manche Familie ist „in Sachen Religion" gespalten.

„Meine Mutter ist religiös eingestellt und geht gelegentlich sonntags zur Kirche. Mein Vater wurde früher zum Kirchgang gezwungen und hat seitdem mit Kirche „nichts mehr am Hut". Meine Bruder und ich sind oft mit den Großeltern in die Kirche gegangen. Er ist dabei geblieben und heute noch Ministrant. Ich bin inzwischen weit weg von Kirche, gehe höchstens noch zu Weihnachten ..."

Eine fast typische Familiensituation! Einige glauben, andere wiederum nicht (mehr). Der religiöse Pluralismus ist längst in den Familien angekommen. Es gibt so etwas wie eine „Familiendiaspora": eine im Wortsinn „Vereinzelung" im Glauben. Schon 1962 hat Karl Rahner, der große Theologe, prophetisch vorausgesagt: „Christen werden Fremdlinge sein selbst unter denen, die sie lieben."

Es ist eher die Ausnahme als die Regel, dass Eltern der gleichen Konfession angehören und ein gleiches Maß an kirchlicher Bindung haben. In immer mehr Familien spielt die religiöse Erziehung eine untergeordnete, zunehmend kaum noch eine Rolle. Oft sind die Großeltern noch die Einzigen, die ihren Glauben im Alltag praktizieren und zur Kirche gehen. Was ihnen für ihr Leben wichtig war und ist, würden sie liebend gern an die Enkel weitergeben. Aber was, wenn die eigenen Kinder davon nichts halten und strikt dagegen sind?

Man spricht vom „religiösen Generationensprung", wenn die Eltern der religiösen Erziehung eher gleichgültig bis ablehnend gegenüberstehen, die Großeltern aber ihren Glauben gerne an die nachwachsende Generation weitergeben möchten und dabei durchaus auf neugierige Aufgeschlossenheit bei ihren Enkeln stoßen.

Auch im religiösen Bereich sind Großeltern „nur" Miterzieher und haben das Erziehungsrecht der Eltern zu respektieren. Dennoch können sie davon erzählen, was in ihrem Leben zählt, worauf sich ihr Leben gründet, was ihnen der Glaube für ihr Leben „gebracht" hat. Letztlich geht es um den *„Mehr-Wert"* des Glaubens: *Glaube tut dem Leben gut.* Darüber aufgrund ihrer Lebenserfahrung und „Alterskompetenz" diskret und unaufdringlich Auskunft zu geben, das sollten Großeltern nach Absprache mit den Eltern (und falls nötig nach Aussprache) tun können.

„Ich gelangte zum Unglauben nicht durch die Konflikte der Dogmen, sondern durch die Gleichgültigkeit meiner Großeltern", so resümierte vor Jahren der französische Philosoph Jean-Paul Sartre. Großeltern können Glauben nicht erzeugen, wohl aber bezeugen ... als glaubwürdige Glaubenszeugen!

Was Erziehung so alles bewirkt

- Die meisten Anstrengungen der Eltern, ihren Kindern gute Manieren beizubringen, scheitern daran, dass die Kinder in einem durchaus natürlichen Trieb alles nachmachen, was sie ihre Eltern tun sehen. *(Bertrand Russel)*
- Die Erziehung ist eine höchst ungerechte Einrichtung: Die Kinder müssen die Suppe auslöffeln, die ihnen die Eltern eingebrockt haben. *(Mark Twain)*
- Ich fürchte, unsere viel zu sorgfältige Erziehung liefert uns Zwergobst. *(Georg Christoph Lichtenberg)*
- Wohlerzogen zu sein, ist heute ein großer Nachteil. Es schließt einen von vielem aus. *(Oscar Wilde)*
- Wer keine Kinder hat, weiß am besten, wie sie zu erziehen sind. *(aus Afrika)*
- Ein Mensch nimmt guten Glaubens an, er habe das Äußerste getan. Doch leider Gottes versäumt er nun, auch noch das Innerste zu tun. *(Eugen Roth)*
- Ach, das waren noch gute Zeiten, als ich noch alles glaubte, was ich hörte! *(Georg Christoph Lichtenberg)*
- Ich bin manchmal ein religiöser Mensch, weil ich das Bedürfnis habe, dankbar zu sein, und weiß nicht, warum. *(Peter Handke)*

7.

Nicht ohne meine Oma ...

- Großeltern, das große Los im „Betreuungslotto"
- Wenn die Großeltern nicht wären
- Glaubenskrieg ums (Klein-)Kindwohl
- Man weiß ja nie
- Die zweite Chance
- Das eigene Leben noch mal erleben
- Leihoma gesucht
- Kindermund

Großeltern, das große Los im „Betreuungslotto"

> *„Opa holt dich heute vom Kindergarten ab."*
> *„Oma ist zu Hause, wenn ihr aus der Schule kommt."*
> *„Opa fährt dich heute Nachmittag zum Sport."*
> *„Oma hilft dir bei den Hausarbeiten."*
> *„Heute dürft ihr bei Oma und Opa übernachten."*

*Groß*eltern machen ihrem Namen alle Ehre: Sie kommen „groß" heraus, wenn die Enkel noch klein sind. Und sie leisten Großartiges! Ohne sie geht heute in vielen Familien so gut wie nichts mehr. Sie spielen eine wichtige, womöglich sogar entscheidende Rolle, wenn es bei jungen Eltern um die Vereinbarkeit von Familie und Beruf geht.

Noch immer wird in den meisten Betrieben und Behörden zu wenig Rücksicht auf familiäre Verpflichtungen genommen. Teambesprechungen, Terminabsprachen, Überstunden, Fortbildungen richten sich in den seltensten Fällen nach den Öffnungszeiten der Kitas und Schulen. Die Arbeitswelt verlangt – auch von Eltern – widerspruchslos flexiblen Einsatz. Was dann immer wieder zu Engpässen bei der Kinderbetreuung führen kann. Und in Notfällen, wie Erkrankungen der Kinder, geraten Eltern in „große Nöte". Wer kümmert sich jetzt ums Kind ...

Wenn die Großeltern nicht wären ...

Rettung vom Staat ist da nicht in Sicht: Ein Jahr Elterngeld und (geplanter) flächendeckender Ausbau der institutionellen Kinderbetreuung reichen bei Weitem nicht aus. Rettungsanker ist, wie so oft, die eigene Familie. Auf die Großeltern kann man zählen. Als stabile

Bezugspersonen sind sie eine feste Größe: vertraut, verlässlich, präsent – und meist auch flexibel. Großeltern kennen keine Öffnungszeiten. In Notfällen sind sie rund um die Uhr, von 0 bis 24 Uhr, erreichbar. Als schnelle Eingreiftruppe mit starker Rückendeckung!

Großeltern haben europaweit einen festen Platz in der Betreuung ihrer Enkelkinder. Nahezu jeder zweite Opa und fast 60 Prozent der Omas kümmern sich regelmäßig um den Nachwuchs. Die Hilfsbereitschaft deutscher Großeltern liegt leicht über dem europäischen Durchschnitt.
Nach einer repräsentativen Umfrage der GfK Marktforschung im November 2009 waren 39 Prozent der Großeltern in Deutschland bei der Geburt ihres ersten Enkels noch keine 50 Jahre alt. 16 Prozent waren 60 Jahre und älter. Im Schnitt waren sie 52 Jahre alt. 11 Prozent hätten sich als Oma oder Opa noch viel zu jung gefühlt.

Omas, und neuerdings auffallend viele Opas, kümmern sich liebevoll um ihre Enkelkinder. Die Zeit, die ihnen heute in ausreichendem Maße bleibt, wollen sie gerne zum Wohle der Kinder und Kindeskinder einsetzen. Meist sind es begrenzte Einsätze: ein- bis zweimal die Woche oder einige Stunden am Wochenende. Alles in allem überschaubar und meist langfristig planbar. Was darüber hinausgeht, lässt die Frage nach der Zumutbarkeit aufkommen. An fünf Tagen der Woche für fünf und mehr Stunden für Enkel da sein zu müssen verlangt eine Menge Power – physisch wie psychisch. Und allemal ein stabiles Nervenkostüm ... Zwar sind die heutigen Großeltern viel jünger und gesünder, aktiver und vitaler als die Generationen zuvor, aber ein täglicher Bereitschaftsdienst ist auch für sie – bei aller Liebe – eine ungeheure Herausforderung, gelegentlich auch eine Überforderung! Da mag manchen Omas und Opas schon mal die Puste ausgehen. Sie wollen nützlich sein, aber sich nicht ausgenutzt fühlen. „Kann man das Familienleben nicht mit Milch vergleichen"?, fragt der russische Schriftsteller Turgenjew und fährt boshaft fort: „Milch wird schnell sauer."

Glaubenskrieg ums (Klein-)Kindwohl

Wenn es um das Wohl und die Erziehung der Kinder geht, sind alle Erwachsenen ausgewiesene Experten – selbst die, die keine Kinder haben. Da werden aufgeregt und erregt heftige Debatten geführt, einem Kulturkampf gleich. Was ist eigentlich gut für das Kind? Was ist förderlich, was ist schädlich für seine Entwicklung? Die Meinungen gehen oft weit auseinander – nicht zuletzt in den Familien selbst.

Für die Mütter der Mütter war es zu ihrer Zeit noch ganz selbstverständlich, spätestens mit der Geburt des ersten Kindes zu Hause zu bleiben. Sie kannten nur selten eine Alternative. Für sie war häusliche Präsenz wichtiger als alles andere. Sie wollten für die Kinder ganz da sein, immerzu ansprechbar.

Gleiches wünschen sich im Prinzip auch ihre Töchter, ohne jedoch ihren Beruf völlig aufgeben zu müssen. Ihr sehnlichster Wunsch: Familienleben und Berufsleben – zumindest zeitweise – miteinander „befrieden". Um aus dem Glaubenskrieg herauszukommen, der die einen als „Rabenmütter" und die anderen als „Glucken" diffamiert. Die Alternative ist weniger ein „entweder oder", vielmehr ein „sowohl als auch". Kleinkinder, so die übereinstimmende Meinung aller aus Praxis und Wissenschaft, brauchen die Mutter (und wohl auch den Vater) als „Bindungsperson". Keine noch so gute Großmutter, Erzieherin, Tagesmutter kann sie dauerhaft ersetzen. Keine

Laut Statistischem Bundesamt (Stand 2007) waren von je 100 Müttern in Deutschland erwerbstätig: bei Kindern unter 3 Jahren im Osten 34 Prozent, im Westen 29 Prozent; bei Kindern zw. 3–5 J. im Osten 65 Prozent, im Westen 57 Prozent; bei Kindern zw. 6–9 J. im Osten 69 Prozent, im Westen 64 Prozent; bei Kindern zw. 10–14 J. im Osten wie im Westen jeweils 71 Prozent. Von den erwerbstätigen Müttern mit mind. einem Kind unter 15 J. arbeiteten im Osten 48 Prozent und im Westen 78 Prozent in Teilzeit.

noch so gute Krippe oder Kita wird der Familie ihren bevorzugten Platz streitig machen können.

Aber die beteiligten Personen und Einrichtungen können ergänzen, gelegentlich auch ausgleichen. Sie sollten weder hochgejubelt noch verteufelt werden! Selbst kleinste Kinder können schon zwischen der Mutter/dem Vater und den anderen Bezugspersonen unterscheiden.

Man weiß ja nie

Großmütter finden es heute völlig in Ordnung, wenn ihre (Schwieger-)Töchter möglichst bald wieder erwerbstätig sein wollen. Die Zeiten ändern sich eben, sagen sie. Und manchmal fügen sie hinzu, dass sie auch gerne weiter gearbeitet hätten, wenn sie es gekonnt hätten. Es waren halt andere Zeiten. Heute, in Zeiten höchster Unsicherheit und Ungewissheit in allen Lebensbereichen, braucht es ihrer Meinung nach ein gewisses Maß an Unabhängigkeit. Man weiß ja nie, wie sich alles entwickelt ..."Sicher ist, dass nichts sicher ist, selbst das nicht", meint spöttelnd, aber zutreffend Joachim Ringelnatz.

Letztlich geht es doch darum, in den Familien eine ganz individuelle Entscheidung zu treffen, die allen, Eltern wie Kindern (und auch den Großeltern), in ihren Bedürfnissen und Erwartungen annähernd gerecht wird. Und sie kann von Familie zu Familie völlig unterschiedlich ausfallen. Geht es dabei jedoch um eine bestmögliche Betreuung für das Kind, haben die Eltern das große Los im „Betreuungslotto" gezogen, die mit den eigenen Eltern rechnen können. Kaum eine Lösung kann besser sein als die mit Oma und Opa ...

Die zweite Chance

„Alles, was ich früher gegenüber meinen Kindern versäumt habe, kann ich nun bei meinen Enkelkindern nachholen," so oder ähnlich denken, sagen und handeln neuerdings immer mehr Großväter. Früher – das war die Zeit, wo sie voll eingespannt waren in beruflichen und gesellschaftlichen Verpflichtungen. Sie gingen frühmorgens aus dem Haus und kehrten oft spätabends heim. Da blieben, wenn überhaupt, nur wenige Minuten für die Kinder übrig. Väter waren damals (wie oft heute noch) mehr oder weniger „Wochenendväter". Und „Kinderkram" war damals sowieso Frauensache.

„Wenn ich einem preußischen Leutnant den Befehl erteile, einen von den Feinden besetzten Hügel zu stürmen, wird er, ohne mit der Wimper zu zucken, aufspringen, seine Brust dem feindlichen Geschosshagel entgegenhalten und für das Vaterland sterben. Wenn ich ihn aber darum bitte, seiner Frau den Kinderwagen zu schieben, wenn es bergan geht, wird er diese Zumutung entrüstet ablehnen", wusste schon der alte Reichskanzler Bismarck zu berichten. Etwas von dieser „preußischen Tugend" hat sich wohl über mehrere Vätergenerationen gehalten. Die heutigen Großväter standen zu ihrer Väterzeit meist noch in dieser Tradition ...

Und heute? Da wechseln diese Großväter bereitwillig die Windeln, geben gekonnt das Fläschchen, wiegen die Enkel hingebungsvoll in den Schlaf, erzählen unermüdlich eine Gute-Nacht-Geschichte nach der anderen, krabbeln freudig erregt über den Teppich und scheuen sich nicht einmal, sich draußen in aller Öffentlichkeit mit dem Kinderwagen sehen zu lassen. Nach einer kurzen „Einarbeitungszeit" gehen diese ungewohnten Tätigkeiten buchstäblich spielend leicht von der Hand. Was für ein Traditionsbruch?!

„Großeltern sind Eltern, die vom lieben Gott eine zweite Chance bekommen", versucht eine holländische Volksweisheit diese erstaunliche Metamorphose zu erklären.

Das eigene Leben noch mal erleben

Großeltern, die in ständigem Kontakt mit ihren Enkeln leben, erleben große Teile ihres früheren (Familien-)Lebens noch einmal. Allerdings mit einem großen Unterschied: viel bewusster, viel gelassener, viel toleranter ... und viel „genießerischer". Es macht einfach Spaß, mit den Kleinen zu spielen, herumzutoben, die Welt mit ihren Augen ganz neu zu entdecken. Und ihre Entwicklung zu begleiten, frei von letzter Verantwortung. Da werden Großeltern an ihre eigene Kindheit, Schulzeit, Jugend und Familienzeit erinnert, die so ganz anders war und doch wiederum auch nicht ... „Man muss in die Tiefe steigen, um den Garten der Kindheit wiederzufinden" (Marcel Proust). Und um das „Kind im Manne" zu entdecken ...

Großeltern können viel geben, Kinder wollen viel nehmen. Aber so einseitig sind die „Transferleistungen" wiederum nicht. „Ich habe jetzt eine sinnvolle Aufgabe", bewerten viele Großeltern ihren Einsatz, „was für ein Glück!" Sie erhalten viel zurück an Wertschätzung und Zuneigung. Das Leben mit den Enkeln belebt das eigene Leben ...

Betreuen hat mit betrauen zu tun! Großeltern spüren den Vertrauenserweis, den ihnen die eigenen Töchter und Söhne entgegenbringen. Immerhin vertrauen sie ihnen ja ihr kostbarstes Gut an. Dieses Vertrauen basiert auf Uneigennützigkeit. Es darf nicht verspielt werden durch unausgesprochene, aber doch spürbare Erwartungen, im Alter selbst einmal betreut zu werden. Dann war der Dienst der Großeltern doch nicht so selbstlos ...

Wenn weder Eltern noch Großeltern damit ein Problem haben, können sich beide glücklich schätzen. „Glücklich machen ist das höchste Glück, aber auch dankbar empfinden können, ist ein Glück" (Theodor Fontane).

Leihoma gesucht

Was aber, wenn Großeltern den Betreuungsdienst nicht übernehmen können? Weil sie selbst noch voll im Berufsleben stehen. Oder über 400 Kilometer entfernt wohnen. Oder sich endlich Zeit nehmen wollen für sich selbst, für Reisen oder aufwendige Hobbys. Oder sich einfach noch zu jung fühlen, um „auf Oma und Opa" zu machen. Was also dann ...?

Die Idee der Leihomas bzw. der Leihopas ist ebenso genial wie mitunter ganz einfach. Auf der einen Seite ist *großer Bedarf* bei „großelternlosen" Familien, insbesondere bei alleinerziehenden Müttern und Vätern oder bei kinderreichen Familien. Sie sind froh, wenn ihnen jemand für einige Stunden die Kinder „abnimmt". Auf der anderen Seite besteht ein *großes Bedürfnis* bei älteren Alleinstehenden nach einer sinnvollen sozialen Tätigkeit. Sie sind froh, wenn sie für einige Stunden nicht mehr allein sein müssen und Kinder um sich haben.

> *In Paris ist vor rund 30 Jahren die erste Agentur für Leihgroßeltern entstanden. Die Idee funktionierte auf Anhieb und verbreitete sich in ganz Europa. Die Nachfragen sind so groß, dass oft lange Wartelisten entstehen.*

Gelegentlich ergeben sich solche Kontakte eher zufällig in der Nachbarschaft oder in der kirchlichen Gemeinde. Meist erfolgen sie jedoch über Vermittlungen durch sogenannte „Paten-Dienste" vor Ort.

Leihomas und Leihopas sind „auf Zeit geliehene" Großeltern. Sie ersetzen weder die leiblichen Großeltern noch stehen sie in Konkurrenz zu ihnen. Sie sind keine „echten" Familienmitglieder, aber doch zusätzliche Bezugspersonen in der Familie. Wenn sie kommen, sind sie willkommen!

Kindermund

- Meine Oma ist alt an der Außenseite, aber jung im Innern. (Paul, 9 Jahre)
- Mein Opa sagt immer Ja, wenn ich etwas möchte. Er ist nämlich schwerhörig. (Karla, 10 Jahre)
- Meine Oma ist so dick, weil sie voll von Liebe ist. (Anna, 8 Jahre)
- Mein Großvater tut immer so, als ob er nicht merkt, wenn wir im Garten seine Erdbeeren klauen. (Florian, 7 Jahre)
- Am schönsten sind die Kissenschlachten mit meinem Opa. Wenn er nicht wäre, müsste ich die Kissen gegen die leere Wand schmeißen. (Felix, 11 Jahre)
- Nichts ist schöner als wenn Oma mich verwöhnt. Ich darf sie nur nicht verklatschen. (Jana, 7 Jahre)
- Ich muss immer Großmutter sagen. Warum nur? Oma ist doch viel kürzer und viel schöner. (Tim, 9 Jahre)

8.

Wer hat die besseren Karten ...?

- Großeltern mütterlicherseits *oder* väterlicherseits
- Häufigere Kontakte und engere Bindung
- „Aufopfernde Mutter" gegen „böse Schwiegermutter"
- Wenn Eifersucht mit Eifer sucht
- Streitpotential nach Scheidung
- Großeltern – mütterlicherseits *und* väterlicherseits

Großeltern mütterlicherseits oder väterlicherseits

„Muss das denn unbedingt schon wieder sein, dass deine Mutter kommt. Sie war doch erst vorigen Monat da, und dann auch noch eine ganze Woche ..."

„Sei doch froh, dass wenigstens meine Mutter ab und zu mal kommt. Schließlich haben Florian und Emilia nur eine Oma, die sich um sie kümmert – meine Mutter nämlich. Deine Eltern lassen sich ja nur selten bei uns blicken. Sie interessieren sich ja nur für ihre Enkelkinder, wenn es was zu feiern gibt."

„Hast du dich denn auch schon mal gefragt, warum das so ist? Deine Mutter geht dir über alles, meine Eltern sind und bleiben für dich die ungeliebten Schwiegereltern. Und Florian und Emilia haben das längst raus und spielen dein Spiel mit ..."

Häufigere Kontakte und engere Bindung

In dieser Familie scheinen die Karten eindeutig verteilt zu sein. Sie offenbaren ein krasses Missverhältnis zwischen den (Groß-)Eltern mütterlicherseits und väterlicherseits! So extrem läuft es Gott sei Dank nicht in allen Familien. Aber erfahrungsgemäß haben Enkelkinder im Schnitt deutlich häufigere Kontakte und engere Bindungen zu den Großeltern mütterlicherseits. Diese wiederum legen sich mehr ins Zeug für ihre Töchter und deren Kinder als für die Familie von Sohn und Schwiegertochter. Das heißt jedoch nicht, dass die Eltern des Vaters weniger oder gar keinen Kontakt zu den Enkeln suchten. Aber nicht immer fühlen sie sich im Haushalt der Schwiegertochter willkommen ... „Glücklich die Mutter, die eine Tochter geboren hat; ein Junge ist der Sohn der Schwiegermutter," prophezeit eine alte Bantu-Weisheit.

Forscher der Universität Antwerpen analysierten die Daten von rund 800 Großelternpaare aus den Niederlanden, die max. 30 km entfernt wohnten. 30 Prozent der Omas und 25 Prozent der Opas mütterlicherseits sahen ihre Enkel mehrmals pro Woche, dagegen nur 15 Prozent der Großeltern väterlicherseits.

Es ist schon ein wenig paradox: Es sind dieselben Großeltern, die einen regelmäßigen Kontakt zu den Kindern ihrer Tochter pflegen, während der Nachwuchs des Sohnes zurückstecken muss. Töchter haben meist eine innigere Beziehung zu den Eltern als die Söhne. Sie telefonieren öfter mit ihnen und besuchen sie häufiger. Sie pflegen einen freundschaftlichen und intensiven Kontakt vor allem zur Mutter (so das Verhältnis nicht von Grund auf durch Rivalitätsdenken und Eifersüchteleien ge- bzw. zerstört ist). Schwangerschaft und Geburt verstärken die emotionale Nähe. „Es ist, als würde ich selbst noch einmal ein Kind bekommen ..."

Angeblich soll die ungleich gewichtete Familienbande darin begründet sein, dass die Großeltern mütterlicherseits – im Gegensatz zu den Großeltern väterlicherseits – ganz sicher sein können, dass ihre Enkel mit ihnen wirklich verwandt sind.

„Aufopfernde Mutter" gegen „böse Schwiegermutter"

Großeltern wollen für ihre Nachkommen da sein. Diese Bereitschaft gilt sowohl den Kindern wie den Enkelkindern. Aber sie wollen ihnen dabei nicht zur Last fallen. Mithilfe und Beistand ohne direkte Gegenleistung! Diese Haltung passt ins

Bild der fürsorglichen Großmutter (und zunehmend auch des fürsorgenden Großvaters).

Doch diese Rolle kommt nicht überall gleich gut an. Kann sie für die eigene Tochter zur gewünschten Entlastung werden, wird sie von der Schwiegertochter eher als Belastung empfunden. Dem Klischee der „aufopfernden Mutter" steht als Kehrseite das Vorurteil der „bösen Schwiegermutter" gegenüber. Töchter suchen Hilfe eher bei der eigenen Mutter als bei der Schwiegermutter. In diesem Fall eigentlich ganz normal, gleichsam der Normalfall. Da sind die Karten von Anfang an ungleich verteilt! Auch wenn es die aufopferungsvolle Mutter heute kaum mehr gibt, und die Schwiegermütter so böse auch nicht (mehr) sind ...

Ein gewisser „Konkurrenzkampf" zwischen den Großeltern mütterlicherseits und väterlicherseits wird wohl unvermeidlich bleiben. Er wird sich noch verschärfen, wenn ihnen die Objekte ihrer großelterlichen Fürsorge ausgehen und alle Aufmerksamkeit sich auf einige wenige Enkelkinder konzentriert. Was rar ist, wird umso kostbarer!

Wenn die Tochter oder der Sohn heiratet, fällt den Eltern zusätzlich die neue Rolle der Schwiegereltern zu. Die Beziehung zum angeheirateten Partner muss sich erst noch entwickeln. Und die (oft hohen) Erwartungen an ihn müssen der Realität angepasst werden. Schwiegereltern werden ist nicht leicht. Da ist es vermutlich hilfreich zu fragen: Wie haben wir selbst damals die Schwiegereltern erlebt? Was war wohltuend und nachahmenswert? Was hätten wir uns gerne anders gewünscht und was uns lieber verboten? Wer sich an die damalige Situation erinnern kann, wird sich vermutlich leichter in die Rolle der Schwiegerkinder versetzen können. Was werden sie von uns erwarten? Was wünschen sie sich, was befürchten sie?

Wer heiratet, heiratet eine Familie mit ..."Sieh auf die Mutter, bevor du heiratest," rät ein indisches Sprichwort.

Wenn Eifersucht mit Eifer sucht ...

Durch Schwangerschaft und Geburt wird die Tochter zur Mutter – und macht gleichzeitig ihre Mutter zur Großmutter. Für beide eine neue Rolle, ein neuer Status, die die Tochter-Mutter-Balance durchaus aus dem Gleichgewicht bringen kann. Die Tochter gewinnt in ihrer neuen Rolle als Mutter an Wertschätzung, während die Großmutter sich von dieser Rolle verabschieden muss. Da kann es gelegentlich „ziehen" in der Beziehung.

Jedoch sind bei der Geburt mütterliche wie auch großmütterliche Glücksgefühle mehr oder weniger vorgeschrieben! Mit dem (Enkel-)Kind hat das Glück vollkommen zu sein. Alles andere ist nicht statthaft – selbst wenn es doch stattfindet. Die vorgegebene Rolle der Großmutter erlaubt weder Verlustängste noch Neidgefühle, und doch können sie völlig unerwartet ausbrechen. Das Enkelkind macht wohl endgültig den Abschied von der Jugend schmerzhaft bewusst – auch wenn Omas und Opas heute jünger sind und viele sich jugendlich geben.

Da kann schon mal ein total neidischer Blick auf die junge Mutter (bzw. den jungen Vater) fallen. Oder auch auf das Enkelkind, das nun einen so breiten Raum in der jungen Familie einnimmt, so dass kaum mehr Platz vorhanden zu sein scheint für andere. „Ich hatte schon ein wenig Angst, an den Rand gedrängt zu werden und keinen Platz mehr zu finden ...", so eine frisch gebackene, verunsicherte Oma. Wenn über diese „Gefühlslage" nicht offen und vertrauensvoll gesprochen werden kann, wird Eifersucht mit Eifer suchen – und finden, was die Eifersucht bestätigt.

Streitpotential nach Scheidung

Nach Trennung und Scheidung sind Großeltern oft *die* „Kummerkästen" für ihre Enkelkinder. (Vor allem der Opa ist wichtiger „Kümmerer" für die männlichen Enkel.) In Umbruchzeiten und danach sind sie ganz elementare Konstanten im Leben der Enkel. Sie intensivieren die Kontakte als Beschützer und Ratgeber und sind gelegentlich auch „Geheimnisträger." Doch zeigen sich auch hier besonders auffällig große Unterschiede zwischen Großeltern mütterlicherseits und väterlicherseits.

Da fast alle Kinder bei der Mutter leben, haben die Großeltern mütterlicherseits nochmals die „besseren Karten" (auf die sie in diesem Fall wohl lieber verzichten würden!). Ihre Kontakte nehmen zu, während die der Großeltern väterlicherseits auffallend abnehmen – bis hin zur völligen Funkstille. Zwischen den geschiedenen Müttern und den Eltern des Expartners besteht erhebliches Streitpotential, was deren Zugang zu den Enkeln betrifft. Da müssen die Großeltern um ihre Besuchsrechte regelrecht kämpfen – nicht selten bis vors Gericht.

Wie immer dieser Kampf ausgeht, die Sehnsucht nach den Enkeln wird bleiben ...

Großeltern – mütterlicherseits und väterlicherseits

„Was macht eigentlich eure Enkelin?"

„Welche denn, die Tochter von unserer Christa? Sie hat wirklich Glück mit ihrem Partner! Er hilft ihr im Haushalt, putzt sogar die Fenster und den Flur. Er liest ihr jeden Wunsch von den Augen ab. Und am Wochenende bringt

er ihr auch noch das Frühstück ans Bett. Ein wirklicher Glücksfall von einem Mann!"

„Was macht eigentlich euer Enkel?"

„Welcher denn, der Sohn von unserem Walter? Er hat wirklich Pech mit seiner Partnerin. Er muss ihr im Haushalt helfen, sogar die Fenster und den Flur putzen. Er liest ihr jeden Wunsch von den Augen ab. Am Wochenende bleibt sie bis mittags im Bett. Nicht einmal das Frühstück bereitet sie ihm. Eine wirkliche Katastrophe, diese Frau!"

9.

Und wer nimmt Oma ...?

- Wenn die alten Eltern nicht mehr allein leben können
- Pflegen oder pflegen lassen
- Die „Sandwich-Frauen"
- Qualität der Beziehung
- Veränderte Lebensbedingungen
- Wer nimmt Oma?

Wenn die alten Eltern nicht mehr allein leben können

Ins Heim geben wollen wir unsere Mutter auf keinen Fall – das hatte sich der Familienrat vor Jahren hoch und heilig geschworen. Was hatte die Mutter nicht alles getan für ihre vier Kinder und die vielen Enkelkinder! Wenn Not in den Familien war, war sie zur Stelle, jederzeit ansprechbar und abrufbereit. So war es doch nur ein „Ausgleich der Liebe", was damals im Familienrat einstimmig beschlossen wurde.

Nun aber ist die Situation gekommen, da die alte Mutter nicht mehr allein leben kann. Und der Schwur von einst eingelöst werden muss. Wer nimmt Oma auf, versorgt und pflegt sie – wo doch einige aus der Familie selbst gerade erst Großmutter geworden sind? Der Familienrat tritt erneut zusammen. Man erinnert sich zwar der Schwüre von damals, aber jetzt, wo der Ernstfall eingetreten ist, stellt sich die Lage ganz anders dar.

Wer hat ausreichend Platz? Wer hat hinreichend Zeit? Wer hat die notwendigen Ressourcen physischer und psychischer Art? Da haben alle ihre Bedenken, Einwände, Ausreden, die in der Frage gipfeln: Muss eine häusliche Betreuung denn überhaupt sein, wo es doch so renommierte Seniorenresidenzen und betreute Wohnanlagen gibt? Oder wo so liebevolle Pflegerinnen aus Polen oder Kroatien eine Pflege in der eigenen Wohnung und damit in vertrauter Umgebung rund um die Uhr gewährleisten. Was könnte Oma Besseres passieren als ...

Pflegen oder pflegen lassen

Vor einer solch schwerwiegenden Entscheidung stehen heute immer mehr Familien. Die Kinder sind gerade aus dem Haus – und man genießt die neugewonnene Freiheit in vollen Zügen – , da kommen die alten Eltern ins Haus. Oder man wird als junge Großeltern bereits von den Kindern und Enkelkindern voll in Anspruch genommen, vor allem in kritischen Lebenssituationen wie Krankheit, Arbeitslosigkeit oder Trennung und Scheidung. Da käme mit der Versorgung und Pflege der alten Eltern zusätzlich eine enorme Belastung hinzu.

Familien wissen nur zu gut, was man von ihnen erwartet. „Ihr könnt eure Mutter doch nicht in ein Heim abschieben ..." Sie fühlen sich moralisch in die Pflicht genommen und gesellschaftlich unter Druck gesetzt. Dennoch müssen sie ernsthaft prüfen, ob und inwieweit sie den Erwartungen und Verpflichtungen gerecht werden können. Belastung kann mit der Zeit wirklich (und wirksam) zur Last werden. „Du weißt nicht, wie schwer die Last ist, die du nicht trägst," warnt eine afrikanische Volksweisheit. So großherzig der Schwur einst geleistet wurde, so sehr kann sich diese Großherzigkeit in der konkreten Lebenssituation schon bald erschöpfen. Man kann nur geben, was man hat! Bei aller Sorge um die alten Eltern: Es gibt Situationen, in denen man zuallererst für sich selber sorgen muss. Bei permanenter Überbeanspruchung drohen Pflegende später selbst zum „Pflegefall" zu werden ...

Die „Sandwich-Frauen"

Die Wirklichkeit widerlegt eindrucksvoll das weitverbreitete Vorurteil, dass alte Menschen in Pflegeheime „abgeschoben" werden. Weit mehr als zwei Drittel aller hilfe- und pflegebedürftigen Personen werden zu Hause von Angehörigen versorgt. Dabei haben nach wie vor die Frauen die Hauptlast zu tragen. Familienpflege ist vorwiegend „Tochterpflege". Die Söhne, so sie gefordert sind, geben die unmittelbare Verantwortung liebend gern an ihre Frauen weiter. Sie kümmern sich bevorzugt um das „Pflegemanagement". Die Pflegebereitschaft von Frauen hingegen ist so hoch, dass sie im Ernstfall sogar ihre Arbeitsstelle aufgeben.

So fühlen sich viele „junge Großmütter" geradezu zerrissen von den Anforderungen der jungen wie der alten Generation: herausgefordert von den eigenen alt gewordenen Eltern oder Schwiegereltern und zusätzlich ganz neu beansprucht durch die Kinder und Kindeskinder. Der Druck von beiden Seiten ist so groß, dass sich viele Frauen gleichsam wie ein „Sandwich" fühlen, von oben und unten zusammengepresst und bisweilen auch erpresst.

Mehr als siebzig Prozent aller Pflegebedürftigen werden zu Hause betreut, in steigendem Umfang von professionellen Pflegekräften, aber nach wie vor auch von Angehörigen. Bei alten Männern kümmert sich meist die Ehefrau um sie, bei alten Frauen in der Regel die nicht (mehr) berufstätige Tochter oder Schwiegertochter.

Da bleibt kaum noch Zeit für sich und das eigene Leben, selten Platz für Freiräume.

Aufopferungsbereitschaft bis zum Umfallen – das kann es ja nicht sein!

Allein können Frauen die Lasten nicht schultern. Gemeinsam mit dem Partner und den eigenen Kindern, aber auch mit den Geschwistern muss über eine angemessene Entlastung verbindlich gesprochen werden. Professionelle Pflegedienste vor Ort können eine spürbare Erleichterung schaffen, wenn auch nicht alle Probleme lösen. Und alle paar Monate eine Auszeit nehmen und auftanken, das wiederum kann neue Kräfte mobilisieren für den Pflege*dienst*.

Dieser *Dienst* am älteren Menschen ist kein Lebensprojekt wie etwa die Erziehung von Kindern und Enkeln. Sein Ende ist absehbar. Dennoch kann er das eigene Leben, bei aller Einschränkung und Belastung, mit neuem Sinn erfüllen. „Wenn die Mutter morgen nicht mehr ist, wird sie mir fehlen ..."

Qualität der Beziehung

Die konkrete Pflege erfordert von allen ein hohes Maß an Überwindung. „ Den Opa ausziehen, waschen, baden oder in späteren Jahren seine Windeln wechseln und ihn säubern, das hat ihm und mir erst einmal ganz schön zu schaffen gemacht. Da kam Scham von beiden Seiten auf ..." so eine betroffene Tochter.

Pflegebedürftigkeit bedeutet Abhängigkeit und Ausgeliefertsein, nicht zuletzt auch eine gewisse Verletzung der Intimität, was zu einem spürbaren Verlust an Identität und Selbstwert führt und gleichzeitig Gefühle von Ohnmacht und Angst auslöst. Entsprechend resigniert oder aggressiv können die Reaktionen ausfallen – oft unerwartet und befremdend. Sie sind nicht einfach als altersbedingte Eigenwilligkeit oder bloßer Starrsinn abzutun.

Häuslicher Pflegedienst bedeutet ebenfalls Abhängigkeit und in gewisser Weise auch Ausgeliefertsein, mitunter launische Wechselstimmungen. Bei vielen Pflegenden stellen sich Schamgefühle ein bei der Überschreitung der Intimitätsschwelle. Auch sie erleben Situationen von Angst und Ohnmacht bis hin zu völliger Erschöpfung. Es ist belastend und oft nur schwer zu verkraften, den körperlichen und geistigen Abbau eines geliebten Menschen und seine rapide Persönlichkeitsveränderung ganz unmittelbar mitzuerleben. „Meine Mutter wird mehr und mehr zum Kind ..."

Bei der Pflege spielt die *Qualität der Beziehung* eine entscheidende Rolle. Sie gründet auf der Geschichte, die man miteinander gehabt hat. Wie offen, nah und liebevoll ist man sich im Laufe des gemeinsamen Lebens gekommen – oder wie abwartend, ja abweisend und misstrauisch ist man sich begegnet?!

Die meisten Lebensgeschichten sind, bei allen Schwierigkeiten und Spannungen, letztlich doch so verlaufen, dass Menschlichkeit, Empathie und Liebe die Qualität der Pflege auszeichnen. Da findet Dankbarkeit ihren Raum.

Es gibt aber auch Beziehungen, wo es gewaltig „zieht" und erst im Alter – infolge der neuen und ungewohnten Nähe und Dichte des Zusammenlebens – bisher verdrängte oder überspielte Konflikte und Streitfälle aufbrechen. Da werden alte Rechnungen beglichen. Die Machtverhältnisse haben gewechselt. Häusliche Gewalt ist kein Einzelfall, die Dunkelziffer groß.

In Deutschland leiden über eine Millionen Menschen, älter als 65, an Demenz, über 800.000 von ihnen an der Alzheimer-Krankheit, der häufigsten Demenz-Form. Jedes Jahr kommen bis zu 140.000 neue Alzheimer-Patienten dazu. 70 Prozent werden zu Hause betreut.

Vielleicht ist das *die* neue Art des Generationenvertrages: Wie die Alten den ersten Lebensabschnitt der Jungen liebevoll geprägt haben, so werden die Jüngeren den letzten Lebensabschnitt der Alten menschenwürdig gestalten. Letzteres muss nicht zwangsläufig durch häusliche Pflege erfolgen. Sie ist unbestritten die bestmögliche Lösung, aber nicht in allen Familien zu realisieren. Anteilnahme, Zuwendung und Dankbarkeit überwinden selbst räumliche Distanzen. „Nicht da ist man daheim, wo man seinen Wohnsitz hat, sondern wo man verstanden wird" (Christian Morgenstern).

Veränderte Lebensbedingungen

Die gesellschaftlichen Entwicklungen erschweren oder verhindern gar den von vielen gewünschten Pakt zwischen den Generationen. Noch stammen die landläufigen Vorstellungen und Erwartungen, wie die Alten ihre letzten Jahre verbringen sollten, aus einer Zeit, wo die Großfamilien mit vielen Geschwistern und Enkeln alle in unmittelbarer Nachbarschaft lebten. Aber die Familien sind zahlenmäßig kleiner geworden, und ihre Mitglieder wohnen immer seltener am selben Ort – heute oft noch in Rufnähe, zukünftig in größerer Entfernung. Die junge und mittlere Generation haben Jobs, in denen sie mobil und flexibel sein müssen. In Zeiten der Globalisierung sind ihre Firmen und Betriebe rund um den Globus aktiv.

Pflege und Beruf sind heute weitaus schwerer miteinander zu vereinbaren als Kindererziehung und Beruf. Es wird schon unterschieden, ob jemand morgens oder mittags sein kleines Kind oder seine alte Mutter füttert. Während Kinderpflege allein durch die Elternzeit und den Ausbau frühkindlicher Betreuung mehr und mehr öffentliche Unterstützung findet, ist Altenpflege eher immer noch Privatsache und muss familiär geregelt werden. Die Pflegeversicherung „sichert" zwar finanzielle Hilfe zu, löst aber nicht die vordringlichen Probleme einer menschenwürdigen Pflege durch Angehörige. So mancher „Pflegefall" bleibt (nicht nur finanziell) ein „Sozialfall".

Wer nimmt Oma?

Mit dieser Fragestellung stellen sich weitere Fragen, die möglichst ohne „moralischen Druck" im (erweiterten) Familienrat zu beraten sind. Dabei sollten die verschiedensten Angebote und Hilfen der Pflege- und Sozialdienste vor Ort in die Beratung einbezogen werden. Allein auf sich gestellt, wird eine Familie es nicht schaffen und sich permanent überfordern.

Und noch eine Frage stellt sich bei dieser Fragestellung: Wer nimmt mich bzw. uns auf, wenn es mit uns so weit ist? Die Zeit ist absehbar und die Frage wird mit der Zeit immer dringlicher und bedrängender. Die „neue Generation der Großeltern will ihren Kindern nicht zur Last fallen und möglichst lange selbstständig und unabhängig leben". Aber auch die jungen Großeltern kommen in die Jahre, und mit zunehmendem Alter vergeht die Zeit immer schneller. Da ist Vorsorge zu treffen, damit Fürsorge – wie auch immer – gelingen kann.

Die alten Eltern – die jetzigen und die zukünftigen – zu umsorgen wird jede Familie nach ihren Möglichkeiten in Respekt und Würde zu gestalten haben. Als Meister Eckhart (1260–1328) von seinen Schülern gefragt wurde: "Meister, welche ist die wichtigste Stunde, welcher ist der wichtigste Mensch, und welche ist die wichtigste Tat in meinem Leben?", da antwortete er:" Die wichtigste Stunde ist der jetzige Augenblick, der wichtigste Mensch der, der dir gerade gegenübersteht, und die wichtigste Tat ist die Liebe."

Ausgleich der Liebe

Die Eltern lieben
die Kinder nicht nur,
wenn sie klein und noch ganz
auf sie angewiesen sind.

Die Kinder lieben
die Eltern auch dann,
wenn sie alt und schon ganz
auf sie angewiesen sind.

Die Liebe zwischen
Eltern und Kindern
gleicht sich gerade
in der Ungleichheit aus.

Josef Dirnbeck

Michael Behrent
Kinder haben Vorfahrt

71 Seiten
Paperback
ISBN 978-3-7666-1477-3

Eltern und Kinder – für viele Menschen ist das die einzig
verbliebene lebenslange Bindung. Die Beziehung zuein-
ander hat sich dabei entscheidend gewandelt: Kinder leben heute auf Augenhöhe mit den Erwachsenen, sie sind
der Lebensmittelpunkt ihrer Eltern. Das prägt auch das
Erziehungsverhalten: Den Kindern Zukunft zu geben ist
den Eltern Wunsch und Verpflichtung zugleich. Doch wie
geht man das erfolgreich an? Ein moderner Erziehungs-
ratgeber mit vielen Hintergrundinformationen über die Le-
bensgewohnheiten von Kindern heute.

BUTZON ✚ BERCKER

Hubertus Brantzen
So gelingt Erziehung

80 Seiten
Paperback
ISBN 978-3-7666-1226-7

Erziehung heißt Kinder zum Leben befähigen. Damit diese selbstsicher in die eigene Zukunft starten können, brauchen sie Vorbilder und ein stabiles Gerüst an Werten, das ihnen die Familie weitergibt. Welche zentralen Themen und Fragen dabei wichtig sind und wie man sie im Alltag mit Kindern umsetzen kann, dazu gibt dieser Ratgeber praktische Tipps. Ein kurzer Fragenkatalog am Ende jedes Kapitels hilft dabei, das eigene Erziehungsverhalten zu reflektieren und weiter auszugestalten.

BUTZON ▓ BERCKER

Angela M.T. Reinders
**Unser Kind soll
etwas werden**

78 Seiten
Paperback
ISBN 978-3-7666-1480-3

Bildung eröffnet Zukunftschancen. Deshalb möchten Eltern ihr Kind vom ersten „Lernspielzeug" bis zum Beginn
von Ausbildung oder Studium bestmöglich begleiten. Je
informierter Eltern sind, umso besser sind ihre Chancen
dabei – gerade auch, wenn sie selbst einen anderen Bil-
dungsabschluss erzielt haben als den, den ihre Kinder
erreichen können. Ein allgemeinverständlicher Überblick
über das vielfältige Bildungssystem in Deutschland mit
wichtigen Tipps, wie Eltern das richtige Fundament für
den Bildungsweg ihrer Kinder legen können.

BUTZON ✚ BERCKER